LE MAQUILLAGE 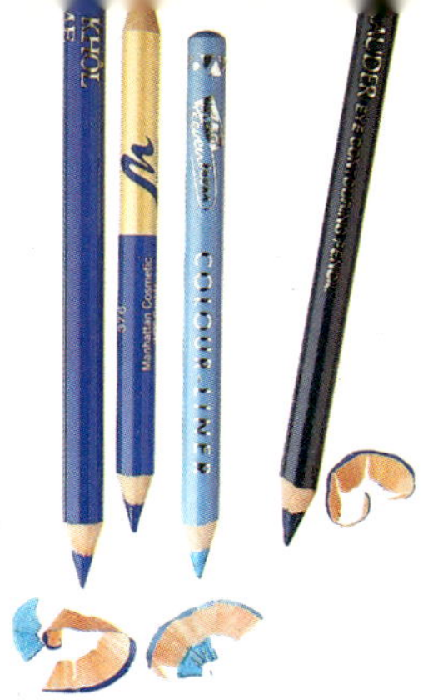 **PARFAIT**

LE MAQUILLAGE PARFAIT

Margrit Rüdiger

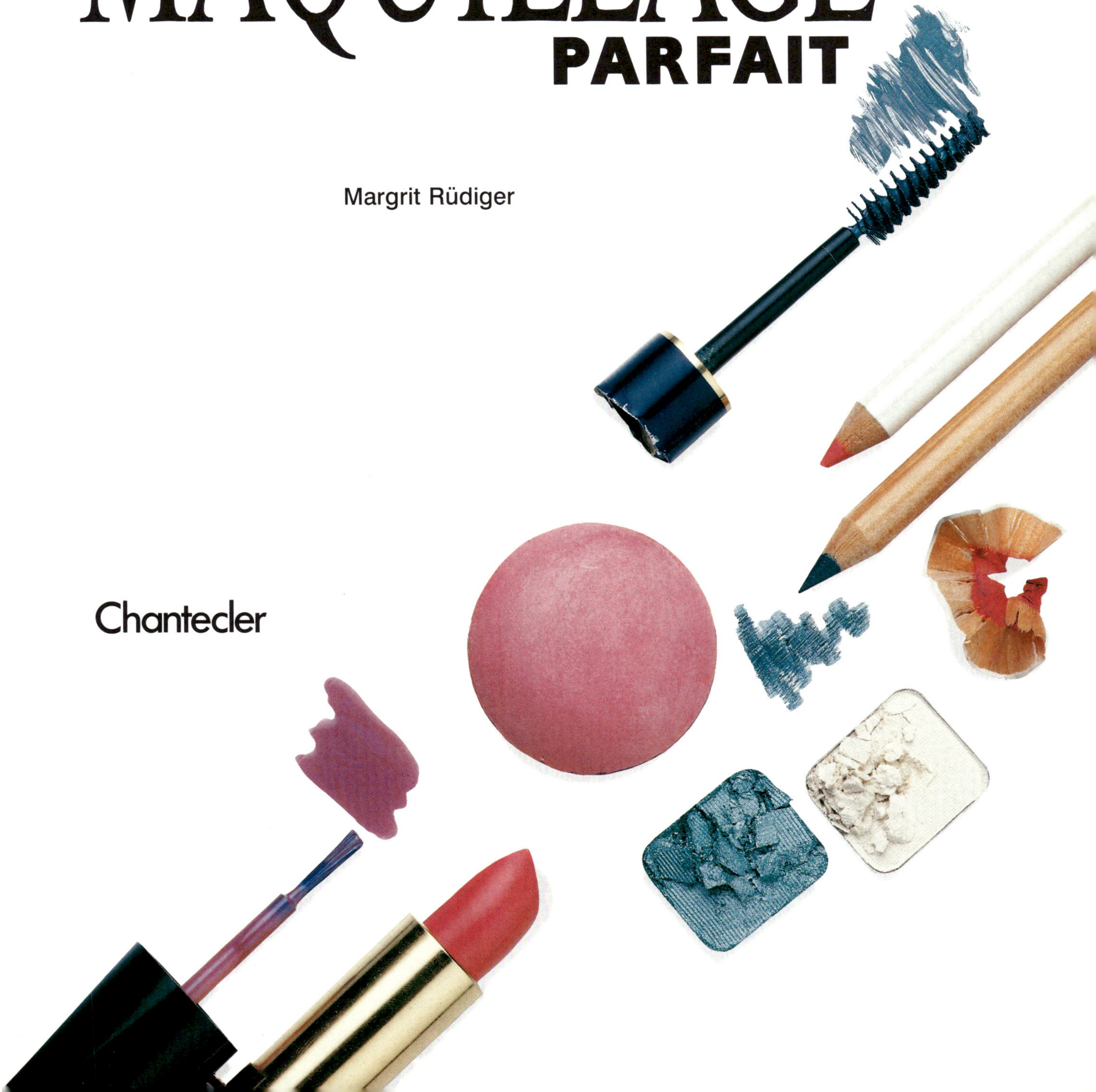

Chantecler

Edition originale: *Das perfecte Make-up*

Edition française:

Traduction française: M. Bozet.
D-MCMXCIII-0001-122

Maquillage n'est pas égal à grimage, pas plus qu'il n'est synonyme de mode. Le maquillage est l'art de découvrir les qualités d'un visage et de rehausser son individualité – en n'oubliant pas complètement que la mode peut être à une bouche boudeuse, à des yeux de chat ou à des faux cils. Même si l'on suit plus ou moins les tendances du moment, elles ne sont pas déterminantes dès lors qu'il s'agit simplement de paraître à son avantage, soignée et d'éclater d'assurance.

Le maquillage envoie évidemment aussi des signaux érotiques – regardez, voici quelqu'un qui se plaît et qui veut plaire! De tous temps les gens se sont aussi maquillés pour cela. Pas seulement les femmes – les hommes également. Ce livre se veut une sorte de cours de base en technique de maquillage et dit tout sur les produits de beauté et leurs accessoires. Il contient les informations les plus actuelles conjuguées à des conseils intemporels. Même ceux et celles qui ont déjà de solides notions en maquillage découvriront des choses nouvelles. Les autres apprendront l'essentiel à l'aide d'exemples concrets.

Tout sur les produits de maquillage et la façon correcte de s'en servir

Quatre maquillages de base, avec démonstration geste après geste

L'ABC des soins cutanés. Parce que le maquillage n'est mis en valeur que sur une peau plus belle

Paupières rentrantes? Taches de rousseur? Il y a une solution à tout

Conseils couleurs: de quoi les quatre chromotypes ont-ils l'air? Quelle couleur va à qui?

Se faire belle, même pour les bains de soleil ou les séances de jogging

C H A P I T R E 1

Du fond de teint au rouge à lèvres

- **Quel effet cela a-t-il?**
- **Quelle est la composition?**
- **Les astuces lors de l'application**
- **Les bons produits**

1
2
3
4
5
6
7
8
9
10
11
12
Professional Powder
AUGENBRAUENSTIFT
03 grau

MATERIEL DE BASE

Tout ce qu'il vous faut pour un maquillage parfait

Egalement recommandé: d'autres nuances de rouges à lèvres et de fards à paupières ou un second fond de teint plus soutenu pour les mois d'été

1 *Fond de teint parfaitement adapté à la couleur de peau* **2** *Eponges à maquillage ovales ou en losange en latex* **3** *Poudre libre transparente avec houppette* **4** *Poudre compacte (pour le sac)* **5** *Pinceau applicateur de poudre libre* **6** *Fard à joues en poudre* **7** *Pinceau applicateur de fard à joues mieux adapté que le petit qui est dans le boîtier* **8** *Poudre brune à ombrer (facultative)* **9** *Pince à épiler les sourcils* **10** *Crayon à sourcils* **11** *Brosse en spirale pour donner une forme aux sourcils et séparer les cils* **12** *Ombre à paupières poudre* **13** *Applicateur d'ombre à paupières à long manche (on l'a mieux en main que le petit)* **14** *Eye-liner et mascara* **15** *Crayon khôl: à dévisser ou à tailler* **16** *Taille-crayons pour crayons khôl, à sourcils et à lèvres* **17** *Crayon à lèvres* **18** *Rouges à lèvres: un clair, un foncé* **19** *Lip gloss (brillant à lèvres)*

LE FOND DE TEINT

Le fond de teint masque les défauts de la peau et uniformise le teint. Plus le maquillage est sophistiqué, plus le teint devrait être parfait.

Qu'est-ce donc que le fond de teint?

■ Le fond de teint est une crème de la même tonalité que la peau, qui peut être appliquée sur la crème de jour et qui est censée aviver et égaliser le teint... Selon qu'on veut une peau naturelle, impeccable ou unie, on peut, selon les cas, choisir des produits transparents ou très couvrants.

Pourquoi le fond de teint est-il si important?

■ Si la peau présente des rougeurs et des taches ou si elle est brillante, le maquillage des yeux et des lèvres le plus séduisant ne sera guère mis en valeur. Le visage aura globalement un aspect brouillé. Le fond de teint est important pour masquer des imperfections telles que veinules (couperose) et impuretés, à l'exception des taches de rousseur.

Idéal pour le maquillage du soir: un fond de teint poudre compact en boîtier avec miroir. Il s'applique avec une petite éponge et couvre parfaitement la peau.

Quels genres de fonds de teint trouve-t-on?

■ Tous les fonds de teint sont constitués de deux éléments: une émulsion (= phase huileuse et phase aqueuse) et une pâte colorante (= poudre et pigments). A cela s'ajoutent des agents hydratants et fréquemment aussi un filtre solaire. Plus le pourcentage de poudre est élevé, plus le fond de teint est couvrant.

■ Le fond de teint fluide ou transparent (généralement en tube) est comme son nom l'indique relativement fluide et contient peu de graisse et de poudre. Le fond de teint fluide uniformise légèrement la peau sans toutefois couvrir les rougeurs et les imperfections. Grâce à sa faible teneur en graisse et en poudre, il est spécialement conseillé aux peaux grasses.

■ Le fond de teint crème (le plus souvent en flacon ou en petit pot de verre) est idéal pour les peaux sèches puisqu'il est relativement concentré en graisses et en eau. Le pouvoir couvrant du produit est fonction de la part de poudre qu'il contient. En principe, les fonds de teint crème comptent parmi les fonds de teint à bon pouvoir couvrant et conviennent surtout pour uniformiser une peau couperosée légèrement hétérogène.

■ Un fond de teint compact (= poudre-crème) (vendu dans un boîtier avec éponge) est le fond de teint au meilleur pouvoir couvrant, parce qu'il contient le plus de pigments et de poudre. Appliqué à sec, à l'aide d'une petite éponge, le fond de teint compact se confond presque avec de la poudre, sauf qu'il couvre davantage. En temps normal, les fonds de teint compacts s'appliquent avec une éponge légèrement humide pour obtenir une plus belle carnation.

■ Les fonds de teint sticks sont des fonds de teint compacts sous une autre forme (allongée). La consistance est un peu plus molle, mais le pouvoir couvrant est identique. Comme pour le fond de teint compact, on prélève le fard sur le stick avec une éponge et on l'étale ensuite.

■ La crème de jour teintée: comme son nom l'indique, il s'agit plutôt d'une crème que d'un fond de teint. Elle protège la peau comme une crème de jour et lui confère une légère coloration, mais ne la couvre pas.

Règles pour une application parfaite du fond de teint

■ La couleur du fond de teint doit s'harmoniser très précisément avec le teint.

- Appliquer le fond de teint sur la peau par très petites touches.
- Le plus simple est de mettre un petit pâté ou une goutte de produit sur le dos de la main et l'étaler ensuite du bout des doigts.
- Exception: le fond de teint compact. Il ne se met pas avec les doigts mais se tamponne avec une éponge.
- En principe, mieux vaut superposer plusieurs couches minces qu'appliquer une couche épaisse. Et répartir de préférence plusieurs petites touches.
- Après l'application, tamponner les fonds de teint fluide et crème avec une éponge afin qu'ils se fondent parfaitement dans la peau. Appuyer doucement l'éponge centimètre par centimètre avec des petits mouvements tournants.
- Estomper soigneusement les transitions entre le visage et les cheveux, et le visage et le cou.

Voilà comment trouver la bonne couleur

- Le fond de teint doit avoir la même nuance que la peau. On ne doit pas distinguer de différence de teinte avec le cou. Ce n'est que si la couleur n'est ni trop pâle ni trop foncée, ni plus rose ni plus grise que la peau qu'elle a un aspect naturel et qu'elle se laisse bien étaler, sans former de démarcations.

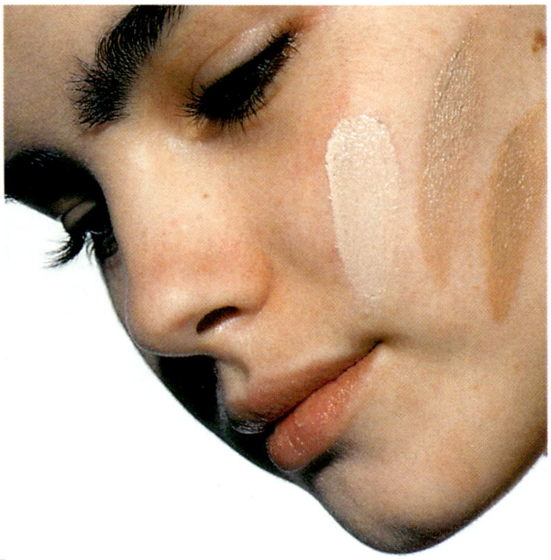
1

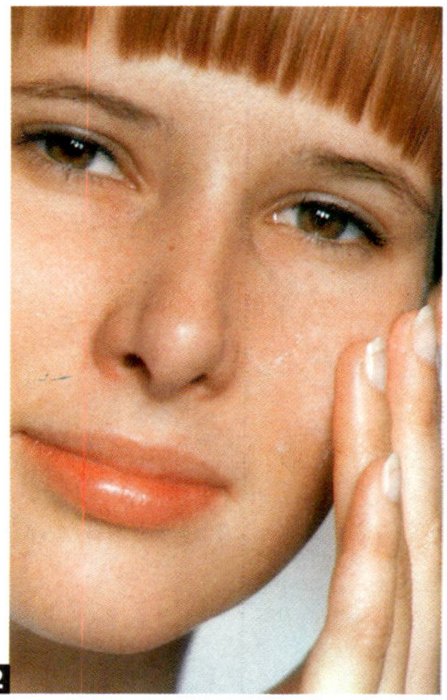
2

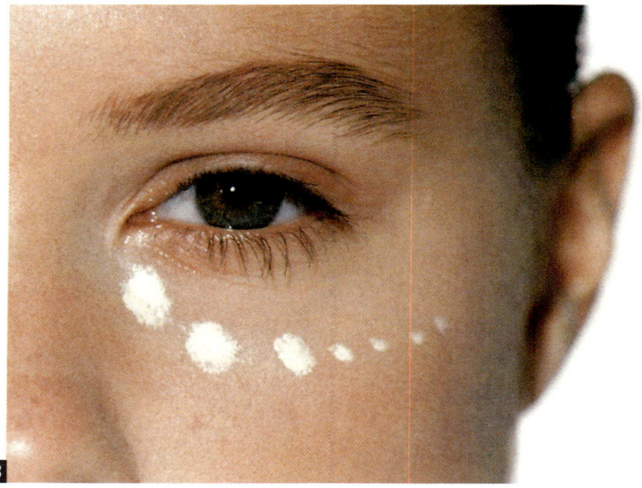
3

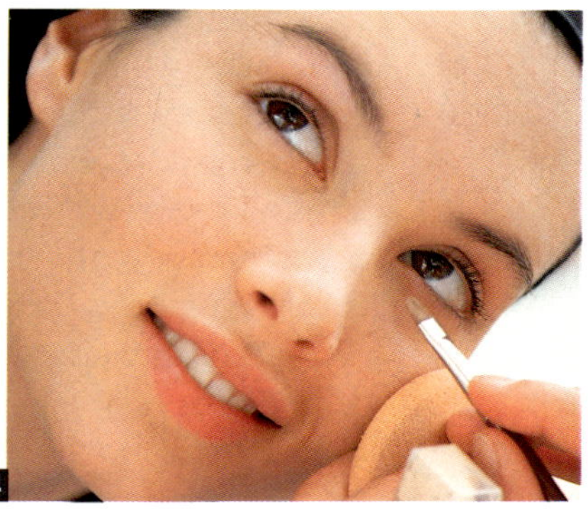
4

5

1 *Ne pas essayer les couleurs des fonds de teint sur le dos de la main, mais sur le visage non maquillé; tester la nuance à la lumière du jour. C'est le ton qui tranche le moins sur la peau qui est le bon.* **2** *Avant d'appliquer le fond de teint, enduire le visage avec une crème, c'est mieux pour la peau. Par ailleurs, le fond de teint s'applique plus uniformément sur une fine base hydratante, il a une apparence plus parfaite et tient plus longtemps.* **3** *Mettre d'abord le fond de teint sur les cernes. Puis placer sous les yeux plusieurs points d'une crème écran (correctrice de teint) claire et estomper délicatement du bout des doigts.* **4** *Les professionnels cachent les cernes à l'aide d'un fin pinceau. La crème écran s'étale ainsi en couche plus mince et plus régulière jusque sous les cils. Si vous voulez les imiter, prenez toujours avec le pinceau des touches infimes et travaillez de l'intérieur vers l'extérieur.* **5** *Pour éviter que l'écran soit trop épais et marque les ridules au moindre sourire, tamponner précautionneusement la peau avec l'éponge pour finir.*

Dans le choix de la couleur, outre la carnation, la lumière dans laquelle on préférera porter le fond de teint joue également un rôle. Dans une lumière chaude, à la lueur de bougies et d'une ampoule à lumière jaune par exemple, le ton du fond de teint peut être un peu plus froid, à savoir que des couleurs rosées et celles tirant légèrement sur le gris conviennent. En revanche, une lumière froide comme celle du jour ou l'éclat du néon exigent des nuances dorées chaudes. Ne traduisez pas teintes chaudes par fond de teint brun-jaune ou brun-roux. Des tons brunâtres sont presque toujours une erreur – à moins d'arborer un hâle récent et naturel et que le teint de la peau ne corresponde à cette couleur.

Le maquillage abîme-t-il la peau?

■ Pas si l'on utilise un fond de teint adapté à son type de peau et si on se démaquille à fond tous les soirs. Plus la peau est sèche, plus le fond de teint sera gras, tandis que pour un teint huileux, on emploiera de préférence un produit non gras. Si l'on s'en tient à ces règles, le fond de teint s'avère même utile. Il protège non seulement la peau de la pollution, mais grâce à sa couche de pigments colorants plus ou moins épaisse, il prévient aussi jusqu'à un certain point les dégâts provoqués à long terme par les UV. La simple lumière du jour, et pas uniquement les coups de soleil, est déjà responsable de ces dégâts.

Le vieux préjugé selon lequel le fond de teint boucherait les pores et entraverait la 'respiration cutanée' est depuis longtemps infirmé, car même les plus infimes particules de poudre et de pigments sont trop grosses pour pouvoir pénétrer dans la peau. D'autre part, les substances utilisées de nos jours n'agissent pas comme une éponge, comme c'était le cas autrefois, et, de ce fait, n'agressent pas la peau.

Du fond de teint sur une peau acnéique?

■ Nul besoin de renoncer au maquillage si l'on a une peau irritée, avec des comédons. Au contraire, un bon fond de teint couvrant fait paraître le teint moins inégal et l'on se sent plus soignée et plus attirante. Pourvu que le produit soit le moins gras possible et qu'il renferme des agents anti-bactériels. Les fonds de teint de la ligne des soins anti-acnéiques sont pratiquement ou complètement dépourvus d'agents gras et sont très concentrés en substances désinfectantes et anti-inflammatoires. Il n'est toutefois pas nécessaire de recourir tout de suite à ce maquillage spécial

TRUC ***La lumière optimale pour le maquillage est la lumière du jour sans soleil direct. Le mieux est de s'asseoir à la fenêtre de façon que la lumière éclaire le visage et non directement le miroir. Le miroir devrait renvoyer l'image de l'ensemble du visage.***

pour quelques petits boutons, car il dessèche trop la peau. Les boutons isolés se camouflent le mieux (par-dessus le fond de teint) par des touches supplémentaires de crayon correcteur clair. Les crayons correcteurs enferment des agents antiseptiques qui soignent les inflammations. Il est très facile de cacher des imperfections minimes au moyen d'un pinceau effilé en prélevant le fard sur le crayon et en l'appliquant de manière ponctuelle.
Cependant, n'oubliez pas de désinfecter à chaque fois le pinceau à l'alcool.

TRUC ***Si vous vous maquillez dans la salle de bains, choisissez des murs blancs éclairés le plus régulièrement possible. Un bon point: des tubes fluorescents ou une série d'ampoules à gauche et à droite du miroir. Les sources lumineuses situées au plafond créent des ombres. Les murs colorés dénaturent les couleurs.***

Des cernes? Voilà comment les faire disparaître

■ Pour masquer les cernes et les imperfections cutanées, il existe des crèmes dites 'écran' ou correctrices de teint. Elles renferment un haut pourcentage de pigments couvrants. Leur couleur devrait être plus claire que celle du fond de teint. Même si les professionnels font l'inverse: en tant que non-professionnel, il vaut mieux d'abord appliquer le fond de teint, puis la crème écran. Elle se fondra mieux dans le maquillage de base et desséchera moins la peau fragile sous les yeux.
Appliquer la crème écran par petites touches avec un pinceau plat ou un applicateur à bout mousse. Ensuite, du bout des doigts, amalgamer doucement le produit au fond de teint jusqu'à disparition des transitions. Pour terminer, appliquer la poudre libre précautionneusement par-dessus.

Maquiller aussi le cou?

■ La solution la plus simple et la meilleure est de choisir un fond de teint dont la couleur correspond exactement à la carnation en dessous du menton. Nul besoin alors de maquiller le cou et pas davantage de risque de voir une démarcation encadrer le visage. Il suffit de bien estomper le fond de teint du bout des doigts ou avec une éponge dans la région qui délimite le cou du visage. Faire de même avec les oreilles et la naissance des cheveux. Se contenter de poudrer le cou. Cette technique de maquillage a aussi l'avantage d'épargner les cols de chemisiers et autres décolletés.

Les fonds de teint ont-ils une date limite d'utilisation?

■ Conservé à l'abri de l'air et de la lumière, donc en évitant l'appui de la fenêtre de la salle de bains, un fond de teint se garde au moins pendant 18 mois. Une fois que l'on a ouvert le tube, le flacon ou le petit pot, il faut naturellement veiller à ce que les germes y pénètrent le

1 *Le stick correcteur de teint a la forme d'un bâton de rouge à lèvres et est encore plus pâteux que le fond de teint compact. Il permet de bien retoucher les petites imperfections, les taches ou les veinules – même sur le décolleté (les crèmes écran sont plus molles et conviennent mieux aux grandes surfaces comme les joues rouges ou les cernes).*
2 *Pour estomper les démarcations sous le menton, repasser après l'application du fond de teint avec l'éponge humidifiée et bien essorée sur les contours du visage. La couleur doit se fondre sans transition dans la carnation du cou.* **3** *La forme des éponges doit être telle qu'elles s'adaptent bien aux dépressions du visage (ailes du nez, fossette, orbites oculaires). Les bonnes éponges sont en latex (= caoutchouc naturel). Cette matière est à la fois ferme et élastique, et surtout très peu poreuse. De gros pores absorberaient trop de fond de teint et le redistribueraient de manière inégale.* **4** *Retoucher le fond de teint? Pas de problème, à condition d'absorber auparavant le brillant gras avec des kleenex à la manière d'un buvard. Appuyer le mouchoir à plat contre le visage – sans essuyer!*
5 *Parce que le fond de teint laisse en général des marques au bord du décolleté, mieux vaut ne pas le maquiller, mais faire concorder nuance du fond de teint et carnation. Poudrer seulement le décolleté.*

1

4

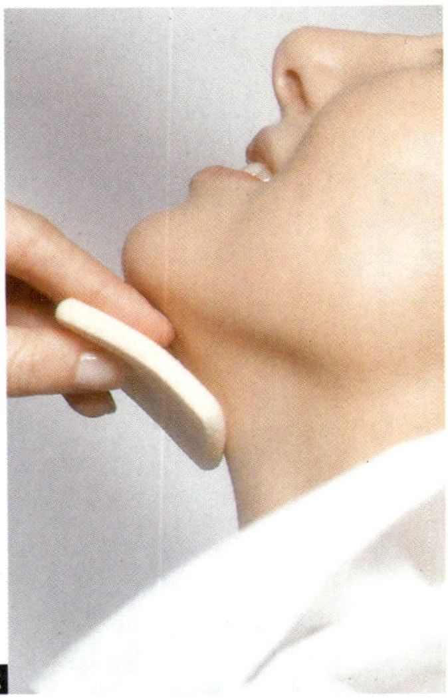

2

5

3

moins possible. Si vous prélevez le fond de teint avec les doigts, lavez-vous au minimum les mains avant chaque utilisation. Même les spatules jointes à de nombreux emballages de fond de teint ne sont hygiéniques que si vous les nettoyez à l'eau et au savon après chaque emploi. Les éponges ayant été en contact avec le bord du flacon devraient pareillement être lavées le plus souvent possible. Les fonds de teint, comme tous les cosmétiques, se conservent largement pendant le délai mentionné ci-dessus. Lorsqu'un produit commence à se décomposer ou dégage une odeur désagréable, mieux vaut le jeter.

Comment prolonger la tenue du fond de teint?

■ Plus un fond de teint convient à un type de peau, plus longtemps il sera parfait. Si une tenue longue durée est exigée – ainsi pour un maquillage du soir – il existe une astuce: vaporiser brièvement un fin nuage d'eau avec un brumisateur sur le maquillage terminé, tamponner puis repoudrer. Vous pouvez aussi employer un brumisateur avant de vous maquiller pour rafraîchir la peau.

LA POUDRE

La poudre enlève l'aspect brillant de la peau. De plus, elle est indispensable pour réparer les accords.

Tout ce que la poudre peut faire

■ Il y a au moins trois arguments en faveur d'un usage libéral de la poudre: la poudre enlève l'aspect brillant et donne à la peau une matité satinée. Elle fixe le fond de teint situé en dessous de sorte qu'il reste parfait plus longtemps et – ce que d'aucuns ignorent – la poudre permet de réparer sans effort les raccords de couleur ratés avec le fard à joues et les ombres à paupières.

■ Matifier: à chaque maquillage prétendant à une certaine perfection, donne un teint mat et uniforme; un visage luisant aux yeux très maquillés ou à la bouche très fardée paraît toujours un peu barbouillé. Seule la poudre apporte ce joli fini mat.

■ Fixer: on poudre généralement après application du fond de teint. De légères pressions de la houppette combinent ensemble le fond de teint et la poudre en une sorte de deuxième peau qui non seulement semble plus belle, mais est également plus durable que le simple fond de teint.

■ Fondre: un rouge à joues trop appuyé ou dont les contours se détachent trop nettement du teint ne demande qu'à être poudré – et déjà la couleur s'atténue, les contours s'estompent. Attention: ne pas frotter, mais appuyer souplement ou tapoter légèrement avec la houppette. C'est également valable pour le maquillage des yeux: si les couleurs sont trop soutenues ou ne se fondent pas bien les unes dans les autres, mettre un peu de poudre à l'aide d'un pinceau (moyen).

■ Un fond de teint poudré facilite très notablement l'application du fard à joues et des ombres à paupières. Les pinceaux glissent mieux, la couleur se répartit plus également. La poudre confère même à un teint sans le moindre maquillage une touche de perfection. La peau a un aspect plus soigné sans paraître maquillée.

■ Effet secondaire agréable: la poudre absorbe le sébum et les gouttelettes de sueur. Sans compter qu'elle rafraîchit quelque peu.

Une poudre libre s'applique sur le visage – hormis avec une houppette – également avec un gros pinceau souple de professionnel.

Poudre libre ou compacte: quand prendre quoi?

■ Chaque fois que cela est possible – en tous les cas chez soi à l'endroit où l'on se maquille – l'on devrait employer le talc aérien dans la grande boîte. La poudre compacte (en boîtier) est réservée au sac à main et donc uniquement pour des raccords en dehors de chez soi. Pourquoi? Parce que la poudre libre est facilement et voluptueusement absorbée par la peau, elle se laisse généreusement étaler et un coup de pinceau suffit à ôter les excès éventuels. Par contre, on ne peut prélever la poudre compacte que par mini-portions avec une mini-houppette – impossible de travailler en grand. Les professionnels n'utilisent par conséquent que la poudre libre.

Règles pour une application parfaite

■ Prélever copieusement de la poudre dans la boîte avec une grosse houppette (ou un très gros pinceau à poudre).

■ Ne pas porter la houppette directement au visage, mais la tapoter sur le dos de la main. Une grosse part de la poudre adhère à la houppette, l'excédent est éliminé.

■ Appuyer ou tamponner délicatement la houppette centimètre par centimètre sur la peau. Cela permet une distribution égale de la poudre sur la peau. Attention: ne pas frotter, uniquement appuyer!

■ Poudrer à plusieurs reprises le nez, le menton et le milieu du front, étant donné que les glandes sébacées et sudoripares sont très nombreuses à ces endroits. Surtout bien 'travailler' la poudre dans les dépressions entourant les ailes du nez.

De quoi la poudre est-elle faite?

■ Autrefois, la poudre était à base de fine farine de riz ou de céréales. Le préjugé qui veut que la poudre nuise à la peau date également de cette époque. Car il vrai que la poussière de farine mélangée à la sueur gonflait, bouchait les pores et provoquait ainsi des boutons et des points noirs.

A l'heure actuelle, cela n'arrive plus. La poudre est constituée à près de 90 % de talc, une substance naturelle, qui s'imbibe de sueur et de graisse et qui dès lors tient bien. Il est complété par du kaolin microfin (argile blanche), du carbonate de calcium (craie), de la poudre de magnésie, des pigments teintés, de la soie, des substances nourrissantes et partiellement aussi des filtres UV.

La poudre compacte est de la poudre qui a été tassée grâce à des agents agglutinants et à des graisses. Elle sert à des raccords de maquillage rapides, puisqu'elle peut s'emporter partout dans le sac à main.

TRUC ***Avant de vous repoudrer, ôtez toujours l'aspect luisant afin que le fond de teint ne se brouille. Il suffit de presser un morceau de papier absorbant sur la peau – kleenex, serviette, papier toilette, ce qui est à portée de main.***

Teintée ou transparente?

■ La plus aisée à manier est la poudre transparente ou neutre. Elle convient à tous les types de peau et de fond de teint. Si l'on emploie de la poudre teintée, elle doit correspondre le plus exactement possible à la couleur du fond de teint. Si on l'applique directement par-dessus la crème de jour, elle sera de préférence aussi claire que la peau. Attention à la poudre foncée. Elle souligne les ridules éventuelles et le fond de teint semblera légèrement maculé s'il n'est pas étalé de façon extrêmement fine.

La poudre à reflets dorés et argentés pose quelques difficultés. Elle confère parfois, surtout à l'arête du nez, au menton et au front, des aspects luisants que la poudre est normalement censée empêcher. Par conséquent, ne porter de la poudre scintillante qu'aux endroits qui souffrent réellement d'être mis en évidence (pommettes, arcades sourcilières, creux du cou, épaules). Mieux vaut y renoncer complètement le jour.

1 *Pour une couche fine et régulière, le pinceau (ou la houppette) ne doit pas trop accrocher la poudre. Aussi avant application, souffler légèrement sur la pointe des poils du pinceau (tapoter la houppette sur le dos de la main).* **2** *Les houppettes très usagées, poisseuses sont porteuses de bactéries qui peuvent renforcer les impuretés. En cas de peau grasse, de teint brouillé, mettre la poudre avec un coton vierge que l'on jette ensuite.*
3 *Matifier très soigneusement la zone en T (menton, nez, front). Ne jamais utiliser de la poudre à particules scintillantes dans cette région. Ces poudres à effets ne sont jolies que sur les tempes, les arcades sourcilières, le décolleté et les bras – et encore, uniquement le soir. Les visagistes utilisent des poudres roses, lilas, verdâtres ou jaune orangé pour obtenir des effets spéciaux. En tant qu'amateur, mieux vaut ne pas y toucher.*
4 *Les boîtes de poudre libre sont en général pourvues d'un tamis qui régule plus ou moins le débit de poudre. Dans les poudriers compacts, une feuille de cellophane sépare habituellement le cake de poudre de la houppette; il faut la garder car elle protège la poudre de la saleté. Si elle est déjà souillée, on peut gratter précautionneusement la couche poisseuse avec une lame de rasoir.*

1

2

3

4

Poudre – même pour les peaux acnéiques?

■ On peut aussi utiliser de la poudre sur une peau à boutons, à tendance acnéique. Il est cependant recommandé de remplacer systématiquement la houppette qui se salit et véhicule rapidement des bactéries par un coton vierge. Il existe des poudres non grasses avec des additifs anti-inflammatoires étudiées spécialement pour les peaux à problèmes.

Attention: l'entretien des houppettes et pinceaux est important

■ Avec le temps, les houppettes non seulement se salissent et deviennent peu hygiéniques, mais elles collent aussi et sont impropres à prélever et à distribuer suffisamment de poudre. Il en va de même pour les pinceaux. Donc laver houppettes et pinceaux au moins une fois par semaine avec un shampooing doux. Jeter les houppettes durcies à la suite de lavages trop fréquents; on peut en racheter dans une parfumerie. Les bons pinceaux applicateurs sont en poils de poney, de martre ou d'écureuil. Etant très onéreux (dans les 150 à 300 FF), on accordera un soin particulier à leur entretien. Laver le pinceau avec du shampooing, l'égoutter sur une serviette éponge et le mettre à sécher de sorte que tous les poils soient à l'air.

LES SOURCILS

Des sourcils en broussailles disciplinés font le regard dense et leur forme s'harmonise le plus souvent parfaitement au visage et au type

Les sourcils ont aussi leur mode

■ A l'époque de Cléopâtre, deux arcs noirs et épais passaient pour être beaux. Au XVIIIè siècle, les Ladies anglaises allaient jusqu'à accentuer leurs sourcils avec de la fourrure de souris. En 1920, les sourcils étaient devenus des traits minces et droits. Ce n'est que depuis le milieu des années quatre-vingts que la nature a repris ses droits... Comme on le voit, les sourcils subissent eux aussi la mode. A juste titre, puisque, au-delà de leur fonction biologique qui est de préserver l'œil de la saleté et du ruissellement de la sueur, ils exercent une influence énorme sur l'expression du visage.

Comment définit-on la forme idéale des sourcils?

■ En règle générale, la forme naturelle des sourcils est celle qui va le mieux à un type donné, mis à part une implantation trop proche de la racine du nez. Il faut toujours épiler ces petits poils car ils assombrissent le visage. D'ailleurs, il est très facile de déterminer à l'aide d'un crayon les endroits qui doivent être épilés ou complétés (voir page 26/27). De jolis sourcils se terminent par une ligne qui s'affine très progressivement. Une ligne qui s'incline trop brusquement rétrécit la partie paupière et rend le visage un peu triste.

Des sourcils foncés, fournis, se passent de fards. Du gel capillaire ou du mascara de soin incolore leur confèrent forme et éclat.

Comment bien épiler

■ La mode actuelle veut que l'on n'épile que ce qui excède à droite et à gauche la longueur de sourcils idéale. Si les sourcils sont très épais et écrasent optiquement l'œil, on peut les amincir. L'essentiel étant de toujours épiler de bas en haut et de l'intérieur vers l'extérieur.
L'épilation est moins douloureuse quand on tend la peau entre deux doigts et que l'on tire dans le sens du poil. Celles qui ont une peau sensible sujette aux rougeurs s'épileront de préférence le soir.
Le choix d'une pince à épiler, semi-automatique ou tout à fait normale, dépend de l'adresse de chacun. Avec une pince à épiler classique, on contrôle mieux la force de traction. Par ailleurs, le poil se laisse pincer avec plus de précision. Il faut s'exercer à manipuler des pinces à épiler 'automatiques', mais leur utilisation se justifie lorsqu'on a de grandes surfaces à épiler. Que la pince ait des bouts droits, en biseau ou incurvés n'a aucune importance. Le principal est qu'elle pince bien.

Quatre possibilités de souligner les sourcils

■ Passer dessus avec un crayon à sourcils ou un crayon khôl à mine tendre: le crayon doit être convenablement taillé et pas trop foncé. Eviter les lignes continues, mais dessiner – de l'intérieur vers l'extérieur – quelques sourcils isolés. Finir en repassant délicatement dessus avec une petite brosse à sourcils.
Hachurer avec un crayon d'une teinte exactement identique à celle des sourcils est aussi la meilleure méthode pour boucher des trous dans l'arc des sourcils ou pour allonger discrètement des sourcils trop courts. Surtout ne pas dessiner les sourcils trop régulièrement mais plutôt 'de manière naturelle'.
■ Remplir avec du fard à paupières poudre: tamponner la poudre dans des tons gris ou brun tendre entre les poils des sourcils avec un pinceau applicateur spécial biseauté, à poils durs.

■ Appliquer très légèrement du mascara par-dessus: cela modèle les sourcils, accentue un peu leur couleur et a un aspect très naturel. Attention: nettoyer d'abord la petite brosse avec un kleenex.

■ Brosser vers le haut avec du gel: c'est l'idéal pour discipliner des sourcils fournis et récalcitrants. Il existe un gel spécial sourcils (incolore ou teinté) qui ressemble à du mascara incolore.

Teindre les sourcils fait gagner du temps

■ Celles qui ont des sourcils clairs et qui se passeraient bien de se les 'refaire' constamment peuvent les teindre en plus foncé avec une teinture pour cils. Les professionnels comme les coiffeurs et les esthéticiennes en sont généralement très capables. La couleur qu'ils emploient est également plus durable, étant donné que les produits pour salons renferment un pourcentage plus élevé d'eau oxygénée. Afin d'éviter les contrastes durs, la couleur des sourcils devrait s'accorder avec celle des cheveux. Le fard s'applique avec un pinceau spécial dans le sens des poils sur les sourcils nettoyés.

TRUC ***Les (fausses) blondes aux sourcils très foncés qui ne souhaitent pas les décolorer peuvent les éclaircir avec un crayon doré. Commencer par brosser les sourcils à rebrousse-poil, puis hachurer et enfin brosser à nouveau délicatement dans le sens du poil.***

Après 10 minutes de pause, on élimine le surplus de crème délicatement et sans frotter avec un coton trempé dans l'eau chaude.
S'il s'agit d'éclaircir les sourcils (notamment parce que les cheveux l'ont été aussi), on emploiera un décolorant capillaire. Attention: ne pas le mettre en contact avec les yeux! Il est en tout cas moins dangereux de confier cet éclaircissement à un ou une spécialiste.

Quels sont les mérites du maquillage permanent?

■ Le maquillage permanent des sourcils consiste à introduire des pigments végétaux colorants dans la peau entre les poils. C'est une solution pratique pour des sourcils extrêmement minces ou clairs, ou bien lorsque les poils ne repoussent qu'imparfaitement à la suite de nombreuses années d'épilation. Elle évite le maquillage quotidien. Cette technique est cependant à déconseiller aux douillettes, car il faut ponctuer la peau plusieurs fois pour chaque 'sourcil', ce qui fait mal en dépit de l'anesthésie locale. La dermopigmentation se fait avec un appareil spécial ou une aiguille d'acupuncture entourée d'un fil de coton faisant office de chromophore. Les tatouages aux couleurs végétales ont une durée limitée étant donné qu'avec le temps, la peau absorbe le pigment. Cela peut déjà survenir après deux ou trois ans. Le prix pour les deux sourcils: de 1.000 à 2.500 FF.

1 *Facilite l'épilation et la rend moins douloureuse: étirer un peu la peau avec les doigts.* **2** *Avec une brosse à dents, on peut discipliner des sourcils récalcitrants qui réagissent mal à une brosse normale pour cils ou sourcils. Avant, éventuellement mettre un peu de laque ou de gel capillaire sur la brosse (jamais directement sur les sourcils!).* **3** *Avec deux crayons, il est facile de vérifier si les sourcils forment un arc idéal. Ils doivent commencer à la droite allant de l'aile du nez au coin interne de l'œil. Ils se terminent à la ligne reliant l'aile du nez et le coin externe de l'œil.* **4** *La manière douce de souligner les sourcils: poudrer avec une poudre à sourcils et passer dessus avec un pinceau biseauté spécial.* **5** *Du mascara incolore donne forme et éclat aux sourcils charbonneux, broussailleux.* **6** *Un mascara presque usé est encore bien suffisant pour raviver la couleur des sourcils à peu de frais.* **7** *De gauche à droite: une pince à épiler 'automatique' surtout pratique pour éclaircir les endroits trop fournis. La pince classique convient pour des opérations plus délicates. Les hachures au crayon doré et au crayon à sourcils foncé produisent une sorte d'effet de petites mèches. L'ombre spéciale sourcils dans des tons chocolat doux s'utilise aussi à l'occasion comme ombre à paupières.*

1

4

2

5

6

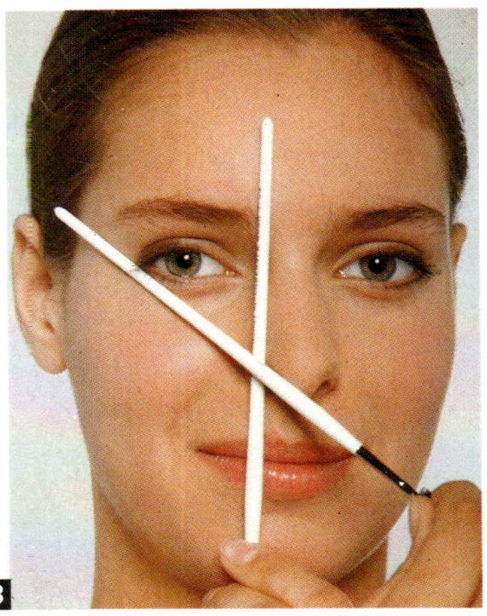
3

7

MODELER

Créer des clairs-obscurs: presque impossible à réaliser pour un profane et, même pour les professionnels ,un exercice périlleux...

Modelage – qu'entend-on par là?

■ Modeler signifie ajouter ou retrancher optiquement quelque chose du visage en recourant à des subterfuges. On y parvient avec des tons clairs ou foncés que l'on applique sur les parties correspondantes en procédant selon la règle suivante: ce qui doit s'effacer est mis dans l'ombre grâce à une couleur sombre, ce qui est trop effacé est quelque peu rehaussé optiquement grâce à des tons clairs.

Doit-on? Ne doit-on pas?

■ Si vous voulez vous éviter des frustrations, sachez que les jeux d'ombres sont en fait réservés aux professionnels. Car les modulations optiques paraissent vite artificielles quand on ne maîtrise pas cette technique à cent pour cent ou que l'on ne travaille pas assez proprement. Et il n'est pas rare qu'elles semblent outrées sur un maquillage de jour, de sorte que les efforts et le temps consacrés valent tout au plus la peine pour une soirée spéciale.

Les lignes brunes et les points blancs désignent les endroits à ombrer et à éclairer. Même les visagistes éprouvent des difficultés avec ce type d'effets.

Avec quoi modèle-t-on?

■ Avec un fond de teint dans des nuances claires et foncées extrêmes, il est possible à la fois d'éclairer et d'ombrer, de même qu'avec la poudre de finition qui serait alors soit blanche soit brunâtre. On obtient également des effets sombres avec un fard à joues brunâtre ou de la poudre bronze. Pour éclairer, il existe des crèmes spéciales blanches, mais le fard blanc de théâtre mélangé (sur le dos de la main) au fond de teint normal est néanmoins plus avantageux. En tout cas, il faut préalablement au modelage unifier le teint avec un fond de teint normal. Les autres règles sont:

■ Si vous modelez avec un fond de teint clair ou foncé, les endroits modelés seront aussi matifiés à la poudre claire ou foncée.

■ Si vous utilisez de la poudre claire ou foncée à des fins de modelage, poudrez d'abord abondamment votre visage à la poudre transparente incolore.

■ Les crayons khôl blancs et bruns conviennent bien au marquage, mais les lignes s'effacent difficilement.

Que peut-on corriger?

■ On peut éclairer les cernes et le coin interne de l'œil (cela espace davantage les yeux). En outre, la fossette du menton (si elle est très apparente), les plis entre le nez et les coins de la bouche et même les plis verticaux entre les sourcils ou les plis horizontaux du front. Pour tous les éclairages plats, on emploie une crème, pour les différents plis un stick.

■ On peut ombrer les ailes du nez (si l'on pense que le nez est trop large), ainsi que les parties latérales des joues si l'on veut que le visage ait l'air plus étroit. Un front très plat de même qu'un double menton ou un nez démesurément long acquièrent du relief par l'apport d'ombres sur les côtés.

S'il faut distribuer de la lumière et des ombres, il faut d'abord mettre les accents clairs, puis les sombres. Dans le modelage, il est particulièrement important de travailler avec peu de fard au début, quitte à en accroître l'intensité selon les besoins.

LE FARD A JOUES

Un soupçon de rouge sur les joues, le front et le menton avive le teint, modèle le visage et irradie le regard

Gag à la mode ou fausse 'bonne mine'?

■ Bien plus que l'utilisation d'un fond de teint ou d'une poudre, le recours au fard à joues ou blush est soumis à l'évolution de la mode. Une fois les accents nettement visibles sont in, puis le fard à joues est totalement out. Mieux vaut ne pas trop prendre au sérieux ces caprices de la mode et ne retenir au demeurant que le fait qu'un peu de rouge à joues ravive et rajeunit toujours un visage. Il a en outre un effet d'harmonisation: plus le maquillage du regard et des lèvres est appuyé, plus il est important de créer un pont de couleur entre la bouche et les yeux.

Fard à joues poudre ou fard à joues crème?

■ La réponse est très simple: si le fond de teint a été poudré, on prendra du rouge à joues poudre, si l'on s'est contentée de mettre un fond de teint (voire seulement une crème de jour)

Le fard à joues poudre s'étale avec un gros pinceau ad hoc à hauteur des os malaires, et de manière à paraître le plus naturel possible. Les 'pommettes saillantes' sont exclues!

sur la peau, on emploiera de préférence un rouge à joues crème. La raison: le fard poudre ne s'applique vraiment bien et sans stries que sur une peau poudrée; à l'inverse, sur une base poudrée, un fard crème ne se répartirait pas bien et semblerait gras sur la peau matifiée. En d'autres termes: le fard poudre convient pour un maquillage plutôt sophistiqué, le fard crème est idéal pour un maquillage de jour naturel.

■ Attention: beaucoup de rouges à joues en poudre contiennent de fines particules brillantes. Si le soir leur scintillement doré ou argenté est du meilleur effet, le jour, il semble artificiel. Il faut impérativement y faire attention à l'achat et exiger un fard à joues mat pour le jour.

Autre possibilité: la poudre de soleil au lieu du rouge à joues

■ Une touche de fraîcheur idéale pour teint bronzé: la poudre de soleil à base d'argile broyée. On peut l'utiliser de deux manières: 1. en lieu et place du fard à joues afin de mettre en valeur un léger hâle; 2. en remplacement du fond de teint ou de la crème de jour teintée, si la peau est bronzée et que l'on veut intensifier l'aspect bronzé. Dans le premier cas, comme pour le rouge à joues, on ne fait ressortir que des zones précises (pommettes, arcades sourcilières, tempes, relief du menton); dans le second, on applique un voile de poudre sur tout le visage. Il importe dans les deux cas d'être parcimonieux, car la poudre d'argile a une couleur très intense et paraît peu naturelle si on en prend trop. C'est pourquoi, tout comme pour le fard à joues poudre, il s'agit de commencer avec une très petite quantité et de poursuivre l'application jusqu'à obtention de l'effet désiré.

Où mettre le fard à joues?

■ En premier lieu sur les joues. Les professionnels jouent également avec des effets de rouge à joues sur le menton et sur le front ainsi que sous les sourcils pour animer davantage le visage.

■ Les joues: ne pas chercher à dessiner une forme précise, tout au plus mettre un certain accent en direction des tempes. Même un maquillage sophistiqué demande une répartition vague et sans contours du fard à joues. Des pommettes très visibles sont affaire de goût et ne correspondent pas à la tendance du moment.

■ Le menton et le front: une pointe de rouge sur la pointe du menton et sur le front confère une apparence plus fraîche.

■ Les yeux: un peu de rouge à joue saupoudré directement sur l'arcade sourcilière fait paraître les yeux plus grands et le regard plus vif.

■ Le cou: si le cou est plus clair que le visage (malgré tous les efforts pour harmoniser la couleur), un peu de blush rétablit parfois l'équilibre.

TRUC ***En été, remplacer le rouge à joues par de la poudre bronze qui donne, surtout à la peau hâlée, un joli éclat naturel. Attention: ne prendre que très peu de couleur sur le pinceau et répéter l'opération jusqu'à obtention du ton souhaité.***

Avec du fard à joues, on peut également rectifier quelque peu le modelé du visage. Un visage rond par exemple acquiert davantage de relief si le fard dessine un triangle allongé sous les os malaires, des tempes aux commissures des lèvres. Un visage carré, très aplati, perd de son aspect anguleux si l'on distribue le fard des joues en direction du nez. Un menton pointu, grâce au rouge à joues, s'arrondit légèrement. On peut tamponner délicatement un peu de fard à joues foncé sur un front trop large.

Fard à joues poudre ou crème: comment l'appliquer correctement?

■ Le rouge à joues poudre s'applique nettement mieux avec un pinceau de professionnel touffu à long manche qu'avec le mini- pinceau plat et court qui se trouve dans le poudrier. (Ces pinceaux servent à la rigueur pour des raccords à condition de n'utiliser que le côté large, afin d'éviter de faire des stries par mégarde.)
Passer d'abord le pinceau quelques fois sur le cake de fard à joues, puis ôter l'excédent en secouant le pinceau sur le dos de la main ou en soufflant dessus. Partir du sommet de la pommette et, sans trop appuyer, faire des va-et-vient au pinceau dans la ligne oblique entre la tempe et le coin de la bouche. Au demeurant, pour le fard à joues également (comme pour le fond de teint et ensuite aussi pour les ombres à paupières), il est plus rentable de procéder avec une certaine prudence et d'accentuer l'effet par deux, trois, voire quatre applications jusqu'à obtention du résultat recherché. La raison: il est plus que délicat d'enlever du rouge à joues en excès sans altérer en même temps le fond de teint. Par contre, il est possible d'accentuer le ton à volonté.

■ Il existe aussi du rouge à joues fluide et sous forme de mousse. Ces deux formules sont cependant un peu compliquées à utiliser. Il faut étaler le fard à joues fluide et mousse rapidement avec les doigts tant qu'il

1 *Quelle est la teinte de fard à joues qui convient? En tout cas celle qui va le mieux au teint naturel. Contrairement au fard à lèvres dont la couleur peut exceptionnellement être extravagante, le ton du fard à joues devrait se rapprocher au maximum du ton naturel. Dans le doute, mettre diverses couleurs de fards à joues avec des reflets bleutés et jaunes contre le visage non maquillé et déterminer celle qui s'harmonise le mieux avec la carnation.* **2** *Avec du fard à joues et de la poudre de soleil, on peut renforcer la ligne fuyante d'un menton. Pour un léger effet d'ombre, étaler le fard à joues avec un gros pinceau touffu.* **3** *En été, le substitut idéal du blush: la poudre bronze ou de soleil. Existe en poudre ultra-fine en petits pots de terre cuite ou en cakes, voire en petits cubes de poudre pressée. Avantage des cubes: en passant dessus avec le pinceau, on prend relativement peu de couleur, ce qui permet un dosage plus précis.* **4** *Le fard à joues crème se tamponne sur la peau non poudrée et s'étale avec les doigts. Il a un effet très naturel, mais ne tient pas aussi longtemps que sa version poudre et exige dès lors deux à trois raccords par jour.*

1

2

3

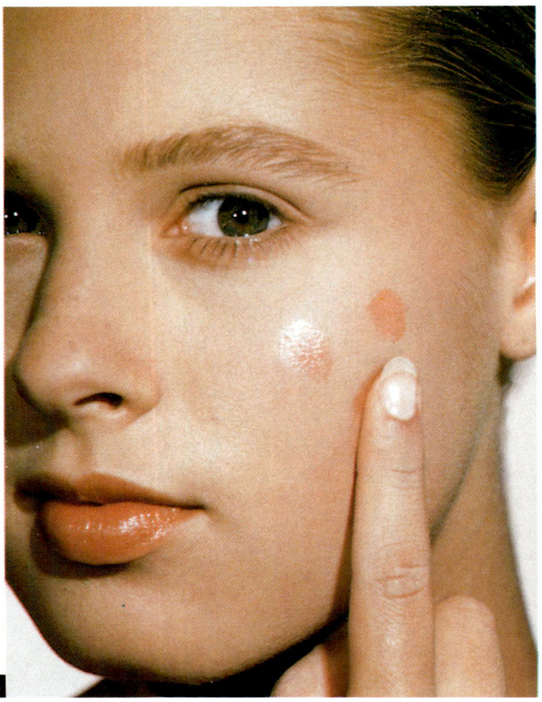
4

reste humide, car le liquide coloré sèche vite sur la peau et ne souffre ensuite plus aucune rectification.

Le fard à joues doit s'harmoniser avec la carnation

■ La règle selon laquelle il faut choisir un fard à joues et un rouge à lèvres coordonnés n'est plus valable depuis que l'on porte un rouge à joues moins vif et sans forme définie. La tendance est au naturel: le blush doit plutôt ressembler à une très légère rougeur qui monterait spontanément aux joues. Pour le choix de la nuance, on se fondera sur le reflet rouge plus ou moins prononcé (en fonction des personnes) des petits vaisseaux sanguins à travers la peau.
Règle d'or: tous les tons bleutés, froids du rose tendre au rose vif vont aux peaux claires, rosées. Une carnation plus jaunâtre ou olivâtre demande des couleurs plus chaudes comme l'abricot, le corail, le brun ou le cuivre (voir aussi page 100).

LE FARD A PAUPIERES

Jouer avec les couleurs est un plaisir rare. Et, comme tous les jeux, il a ses règles...

Il faut expérimenter avec les fards à paupières

■ Le fard à paupières fait ressortir l'effet d'ombre naturel de l'orbite de l'œil. Celle qui porte des fards ou ombres à paupières rend délibérément ses yeux propres à attirer les regards. Cette poudre teintée se met après le fard à joues mais avant l'eye-liner, le khôl et le rimmel. Couvrante ou diaphane, démoniaque (foncée) ou virginale (claire), multicolore ou unicolore – tout dépend des couleurs des vêtements (voir aussi page 100), de l'occasion et du style personnel. La mode en matière d'ombres à paupières (et surtout en matière de couleurs) est à prendre avec les plus grandes réserves. Ce qui n'interdit pas les expériences. Au contraire. C'est précisément en expérimentant sans cesse de nouvelles nuances et techniques d'application de fards à paupières que l'on finit par découvrir celles qui font le plus d'effet. Outre le plaisir qu'ils procurent, ces petits jeux vous apportent une expérience en maquillage.

A gauche: si l'on applique ultra-délicatement le fard à paupières, on peut l'étaler jusqu'aux sourcils sans avoir l'air 'peinturlurée'.

Poudre, crème ou stick?

■ Le fard à paupières poudre est le plus usuel. Il se décline dans un choix de coloris immense, dans la plupart des nouveautés saisonnières et dans d'innombrables palettes de deux cakes de poudre de couleur ou plus, très attrayants. L'utilisation des fards à paupières poudre est relativement simple. Le fard se met avec un applicateur à bout mousse ou un pinceau spécial plat, un peu plus large. Si vous êtes pressée et qu'il suffit d'un voile de couleur sur la paupière, vous pouvez exceptionnellement employer votre doigt. Le fard à paupières poudre ne convient guère aux porteuses de lentilles de contact parce que des particules de poudre risquent de pénétrer dans l'œil.

■ Des fards à paupières blancs, blanc crème ou légèrement rosés sont des lighters ou ombres lumières (voir page 36).

■ Les fards à paupières crème existent en cartouches et en boîtiers. Si l'ombre sur la paupière n'est pas censée avoir une forme précise, on peut étaler la crème du bout des doigts. Comme elle sèche vite, il faut travailler rapidement; sinon il est difficile d'apporter des rectifications. Les fards à paupières crème sont excellents pour les porteuses de verres de contact. Seul inconvénient: il se niche plus dans le pli de la paupière que la poudre.

■ Les sticks à paupières ont l'air de gros crayons de couleurs à la texture plus ou moins poudreuse ou crémeuse. Ils servent à tirer des traits larges que l'on estompe ensuite avec un pinceau, un applicateur ou le bout des doigts. Les ombres à paupières sticks sont idéales pour le voyage.

Les meilleures astuces pour l'application

■ La paupière doit être parfaitement sèche. Eliminer les traces éventuelles de crème avec une éponge ou un kleenex.

■ Poudrer légèrement la paupière avec la houppette ou le pinceau (le reste de la poudre qui a servi à matifier le teint et qui adhère encore au pinceau ou à la houppette suffit).

■ Les professionnels unifient la paupière supérieure jusqu'aux sourcils avec du fond de teint et poudrent ensuite. C'est surtout utile en cas de paupières rougies. Mais les plis ou les tuméfactions sont mis par là en évidence.

■ Ne pas mettre trop de fard en une fois sur la paupière. Le moindre excès s'élimine difficilement; par contre, on peut multiplier sans problème les applications. Un conseil: passer légèrement l'applicateur sur le dos de la main pour enlever l'excès de fard. Ou bien humidifier le bout en mousse, l'essuyer sur un kleenex et ensuite seulement prélever le fard. C'est la manière la plus efficace d'éviter que des miettes de fard tombent sur les joues.

TRUC ***Laver de temps en temps les applicateurs à bout mousse avec un peu de savon. La poudre à paupières accrochera mieux ensuite et ne s'effritera pas aussi aisément. Tant que l'applicateur sera humide, la teinte sera plus vive.***

■ Appliquer le maximum de fard le long du bord de la paupière. En partant non pas du coin interne de l'œil, mais du centre de la paupière. A partir de là jusqu'au coin externe de l'œil, accroître l'intensité du fard. Avec ce qui reste sur l'applicateur, égaliser la moitié interne de la paupière.

■ Etirer mollement l'ombre de biais vers le haut et allonger la paupière extérieure légèrement vers le haut.

■ Un soupçon de poudre transparente en guise de touche finale fait tenir le fard à paupières plus longtemps.

Astuces de modelage pour paupières

■ Même pour ombrer des paupières, il existe des principes essentiels:

■ Clair à l'intérieur – foncé à l'extérieur, avec une transition fluide. Cette règle met l'accent sur le coin externe de l'œil et écarte optiquement les yeux. Ce ne serait une erreur que si les yeux sont déjà naturellement très écartés l'un de l'autre. Sinon, toutes les formes d'yeux s'en accommodent.

■ Foncé en dessous – clair au-dessus. Indépendamment de la couleur, le fard à paupières devrait être le plus sombre au bord de la paupière et s'éclaircir à mesure que l'on se rapproche des sourcils.

■ Une ombre à paupières claire sous le sourcil (lighter) est censée 'ouvrir' l'œil optiquement. L'effet est parfois artificiel et convient surtout pour un maquillage du soir ambitieux. La journée, pour éclairer, il vaut mieux simplement étaler sous les sourcils un soupçon de fard à paupières de couleur normale.

■ Une astuce pour agrandir les yeux: ombrer le pli de la paupière en foncé. L'effet est renforcé si on ne maquille pas la paupière. Au pinceau, appliquer la couleur en un arc juste au-dessus du pli de la paupière et estomper vers le haut. Attention: si les yeux sont enfoncés dans leurs orbites, ce type d'ombre les rendra plutôt lugubres.

■ De petits yeux offrant peu de surface à maquiller ont l'air plus grands si on applique une ombre foncée ou de couleur sur la paupière inférieure au lieu de la paupière supérieure – par exemple au-dessus d'un trait de khôl.

1 *Toujours seyant, va à tout le monde: un maquillage des paupières parfaitement neutre, discret avec un fard à paupières poudre gris fumée. Etaler très délicatement la couleur et n'appuyer légèrement que vers le coin externe de l'œil. Le long du bord de la paupière, tracer un fin trait de la même couleur avec un pinceau à paupières.* **2** *Si l'ombre à paupières est devenue trop intense ou si la transition entre deux couleurs n'est pas suffisamment estompée, poudrer au pinceau.* **3** *Il devrait y avoir harmonie de couleurs entre le fard à joues crème et les fards à paupières qui doivent appartenir soit aux tons chauds, soit aux tons froids (voir aussi page 100 et suivante). Ci-contre: du fard à joues poudre et du fard à paupières poudre dans des tons doux d'automne.*
4 *Palette de fards à paupières à usage domestique: avec un objet pointu, sortir précautionneusement toutes les couleurs préférées hors de leurs boîtiers et les coller sur un support commun.* **5** *Sur une fine couche de poudre, le fard à paupières a l'air plus transparent. Si l'on applique plusieurs couleurs, les transitions s'estompent mieux.* **6** *Effets spéciaux pour le soir: avec un fard poudre foncé, dessiner un mince arceau juste au-dessus du renfoncement de l'orbite oculaire et estomper délicatement vers le haut. Particulièrement spectaculaire, si on ne touche pas au reste de la paupière.*

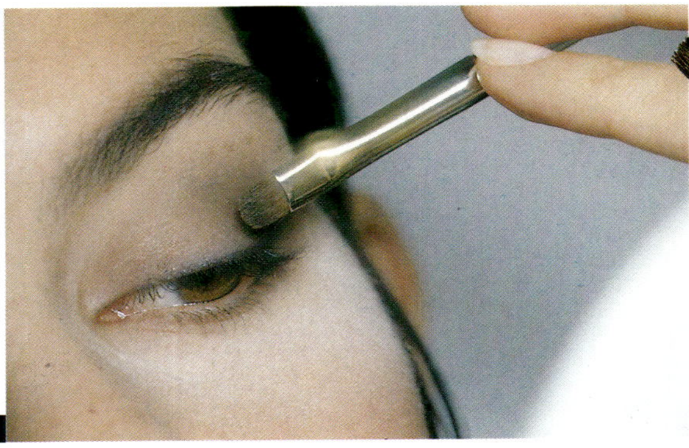
1

4

2

3

5

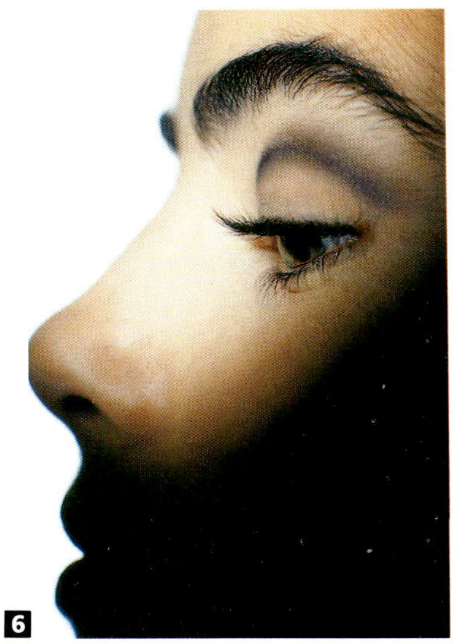
6

■ Ne jamais laisser le fard à paupières 'tomber' au coin externe de l'œil (cela a un aspect triste), mais toujours le relever en oblique. L'amateur d'yeux de chat fait se rejoindre obliquement vers le haut une mince ombre sur la paupière supérieure et une ombre sur la paupière inférieure partant du coin de l'œil. Moins sophistiqué: se contenter de ganser le tiers supérieur de la paupière en haut et en bas. C'est aussi un moyen de faire de jolis petits yeux.

TRUC ***N'utiliser les fards à paupières brillants que le soir. Le jour, ils paraissent plutôt artificiels. Attention: le brillant accentue toutes les ridules sur des paupières imparfaitement lisses. C'est surtout vrai pour les tons dorés, argentés et cuivrés.***

Quelle est la composition des fards à paupières?

■ Parmi les composants de base de tous les fards à paupières, on trouve de la poudre (talc, kaolin), des cires (la cire d'abeille par exemple), des huiles (comme les huiles de silicone et de paraffine), des agents filmogènes, des liants, de l'eau, des conservateurs et des pigments colorants. Les ombres à paupières irisées contiennent en plus des substances nacrées. Les fards à paupières ont fait parler d'eux il y a quelques années parce qu'ils renfermaient des traces de métaux lourds et causaient des allergies de contact. Entre temps, on n'a plus fabriqué que des pigments synthétiques que l'on a de surcroît emprisonnés dans un mince film huileux. En conséquence, ils ne sont plus directement en contact avec l'épiderme. Ce blindage a aussi l'avantage de faciliter une application plus uniforme du fard. Puisque les nouveaux pigments repoussent le sébum, l'ombre se dépose aussi moins vite dans le pli de la paupière.

Les teintes de fards à paupières – comment trouver les bonnes?

■ La vieille règle d'or qui voulait que l'ombre à paupières soit de la même couleur que l'iris est devenue caduque. La couleur des yeux est plutôt assourdie lorsqu'on choisit une teinte de fard à paupières trop bien assortie. En revanche, des couleurs complémentaires illuminent les yeux. Exemple: conjuguer de l'ocre-jaune avec des yeux bleus, du mauve avec des verts et du rose vif avec des yeux bruns. Si l'iris est jaspé, habiller les paupières dans la teinte de ces petits points. La nuance du ton respectif devrait cependant convenir au chromotype. Vous en apprendrez davantage sur le sujet à partir de la page 100.
Les règles de couleurs décrites ci-dessus sont également valables en principe si vous ombrez la paupière avec deux ou trois couleurs différentes. Dans ce cas, le mélange peut parfaitement comporter la couleur de l'iris. Attention: en les combinant, veiller à placer les couleurs foncées plutôt vers l'extérieur, les couleurs claires plutôt vers l'intérieur de la paupière.

Les combinaisons de couleurs des fards à paupières sont pratiquement illimitées. Découvrir soi-même ce qui vous va peut être un plaisir créatif. Voici quelques suggestions: **1** *Eye-liner et fard à paupières gorge-de-pigeon mat.* **2** *Du vert bouteille en nuances claires et foncées – particulièrement joli sur une peau très pâle.* **3** *Tout à fait neutre: une ombre gris anthracite et un trait d'eye-liner de teinte identique.*
4 *Maquillage du soir: un fard à paupières vert en V et de la poudre claire au centre de la paupière.* **5** *Original: une combinaison de rose vif, d'orange et de jaune tendre. Avec un rouge à lèvres nettement plus effacé.* **6** *Va particulièrement bien aux femmes qui ont des cheveux sombres: un fard à paupières rose, atténué par une pointe de gris. Avec un trait blanc sur la paupière inférieure.* **7** *Eye-liner et fard à paupières mauve pâle; un lighter rose sous le sourcil.* **8** *Réservé au soir et aux paupières parfaitement lisses: du fard à paupières poudre doré. Encadré ici par un trait délicat d'eye-liner brun et d'une ombre brun-rouge dans l'orbite.*
9 *Mystérieux: fard à paupière gris fumée s'accentuant sur les côtés et dégradé vers le haut.*

1

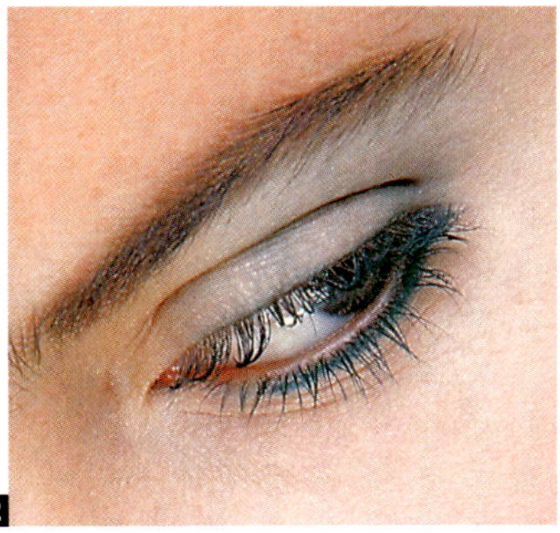
2

5

3

4

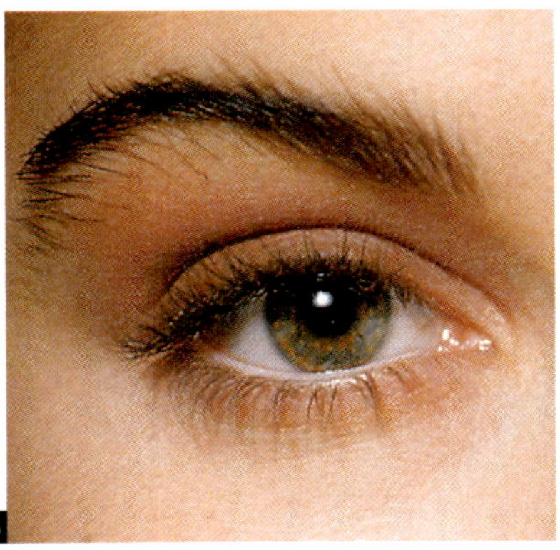
6

7

8

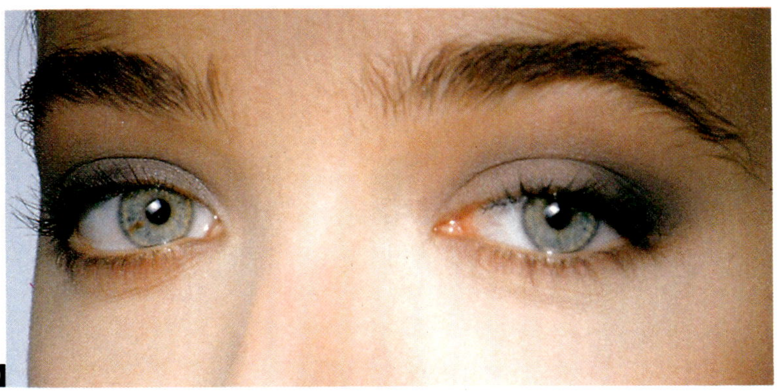
9

L'EYE-LINER OU LE KHOL

Pas toujours d'actualité mais malgré tout une valeur sûre: le trait qui fait les yeux aguicheurs.

Le trait d'eye-liner – toujours réactualisé

■ Il est arqué comme du temps de Marilyn, ou il souligne d'un trait noir épais le bord des paupières comme dans les années soixante. Parfois, il disparaît complètement de la circulation pendant des années. Le trait d'eye-liner n'a pourtant jamais cessé d'être redécouvert et remis à la mode par les visagistes. Il n'est donc jamais tout à fait passé de mode.
Le trait classique à la Hollywood est noir et se porte sans fard à paupières de couleur. Exception: le maquillage des grands soirs. Si la mode est au trait de couleur (il n'est quasiment jamais out), il est généralement utilisé ton sur ton pour renforcer l'ombre à paupières. Toujours in est la variante 'cosmétique' du trait à l'eye-liner, une ligne mince, presque invisible le long des cils de la paupière supérieure. C'est un bon moyen de souligner discrètement les yeux tout en faisant paraître les cils plus fournis. Cette ligne a l'air plus naturelle si on assortit sa couleur à la pigmentation des cils et des sourcils.

A gauche: un trait d'eye-liner tel qu'il doit être – parfaitement dessiné et assorti à la teinte du fard à paupières et du mascara.

Dessiner un trait à l'eye-liner – quel est le meilleur accessoire pour y parvenir?

■ Les préparations classiques sont des eye-liners liquides en flacons et un cake sur lequel on mélange une goutte d'eau au fard. Dans les deux cas, le trait est dessiné à l'aide d'un pinceau à pointe fine.
■ Plus pratiques sont les cartouches qui ressemblent à du rimmel et qui sont remplies d'eye-liner liquide. Le pinceau est inclus (comme pour le rimmel) dans la douille. Très facile à manier, les crayons eye-liners qui fonctionnent comme des feutres. Lorsque l'on dessine, la couleur alimente automatiquement et régulièrement la pointe.
■ Le trait 'cosmétique' paraît plus naturel avec du khôl qu'avec de l'eye-liner (voir plus bas).

Et le trait fut

■ La paupière doit être la plus sèche possible. Le cas échéant, poudrer légèrement la peau avec un fard à paupières chair par exemple.
■ Toujours bien essuyer le pinceau. Si la pointe est trop chargée en couleur, le début de la ligne ne sera pas assez fin.
■ Attaquer le trait soit au coin interne de l'œil et le tirer d'un seul mouvement. Ou bien commencer au centre de la paupière, dessiner la partie externe et achever par la partie interne.
■ Si vous n'avez pas une main sûre, dessinez d'abord quelques petits points sur la paupière que vous relierez ensuite l'un après l'autre.
■ C'est pareil pour la 'petite queue' au coin de l'œil: si l'on tire délicatement la peau à hauteur des sourcils avec les doigts, on obtiendra un très joli mouvement vers le haut.
■ Dessiner le trait 'cosmétique' le long des cils de la paupière supérieure après avoir maquillé les yeux – donc par-dessus l'ombre à paupières et après la pose du mascara.

Moins dur: du khôl à la place de l'eye-liner

■ Pour le trait soulignant le bord de la paupière inférieure, l'eye-liner est trop dur. Seul le khôl entre en ligne de compte. Le trait soulignant le bord de la paupière supérieure est aussi plus subtil s'il est dessiné avec un crayon khôl.

Le khôl moderne est une masse colorée pressée en mines. Il n'a plus rien à voir avec le 'kohol' indo-arabe légèrement teinté à base de poudre de cristaux que les hippies s'appliquaient à l'intérieur de la paupière inférieure et qui encerclait les yeux de façon exotique. Les crayons actuels sont soit des crayons à mines tournantes, épaisses et biseautées (parfaits pour la paupière inférieure), soit ils ont l'apparence de crayons à sourcils et ont des mines plus ou moins dures: des mines tendres pour la paupière inférieure, des dures pour le trait du haut. Si l'on n'est pas certaine de la destination d'un crayon, on peut le tester sur le dos de la main: si la mine gratte, elle est trop dure pour la paupière (les crayons à sourcils sont en tout cas trop durs).

TRUC ***Si vous éprouvez quelques difficultés à dessiner un trait soulignant le bord des paupières avec un crayon khôl bien taillé, placez des petits points noirs entre les cils. Variante: regardez en haut et tracez le trait du bas à l'intérieur du bord de la paupière.***

Les astuces du maquillage au khôl

- Les khôls blanc, gris clair et chair sont destinés à la paupière inférieure. Appliqués sur le bord interne de la paupière, ils agrandissent l'œil.
- Le khôl foncé sur la paupière inférieure rapetisse l'œil. Mais de grands yeux sombres sont plus expressifs avec du khôl.
- Celle qui ne peut se permettre un tel rapetissement mais qui voudrait néanmoins un minimum de relief prendra du khôl brun, gris ou de couleur et passera après application un coton tige humidifié (entre les lèvres) le long du bord interne de la paupière. De cette façon, il restera toujours un peu de couleur entre les racines des cils.
- Un trait de khôl sur la paupière supérieure qui n'est pas parfait peut aisément s'estomper et se recouvrir avec un fard à paupières poudre de couleur similaire. L'effet du khôl (mise en valeur des reliefs) subsiste.
- Même le trait de khôl sur la paupière inférieure peut se recouvrir au pinceau avec du fard à paupières poudre. L'effet s'en trouve renforcé et le fard aura une meilleure tenue.
- Si le maquillage des yeux doit paraître très naturel, on peut remplacer exceptionnellement l'ombre à paupières par du khôl. Il suffit pour cela d'estomper légèrement le trait (voir aussi page 59).
- S'arrêter avant le coin interne de l'œil en dessinant le trait de khôl sur la paupière inférieure. Par contre, ceindre entièrement le coin externe de l'œil.

Le trait doit s'harmoniser à la forme de l'œil

- Le trait devrait suivre la forme de l'œil et se terminer dans le coin externe. Pourtant si les yeux sont excessivement

1 Un maquillage des yeux extrême avec des traits de khôl noir sur les paupières supérieure et inférieure ne va qu'à des femmes au type foncé méridional. Mais attention, là aussi, des traits noirs font les yeux plus petits. 2 Ne se marie pas avec tous les styles, mais peut donner un look d'enfer selon le type et l'occasion: un trait d'eye-liner noir terminé en 'petite queue'. 3 Du khôl blanc à l'intérieur de la paupière inférieure fait paraître les yeux plus grands. L'effet est renforcé si l'on a dessiné auparavant une mince ligne ou ombre foncée entre les cils de la paupière inférieure. 4 De gauche à droite: un crayon khôl également approprié pour dessiner le trait 'cosmétique' (voir page 41) sur la paupière supérieure. Idéal pour le trait de khôl soulignant la paupière inférieure, le crayon à mine tournante en biseau. Les pinceaux d'eye-liner doivent être effilés sans être trop souples. Pratique: lorsque le pinceau se dévisse hors d'une cartouche contenant de l'eye-liner liquide. Confortable: les crayons eye-liners qui fonctionnent comme des feutres. Indispensable: des cotons tiges pour corriger les petites bavures. D'abord humidifier légèrement entre les lèvres afin qu'aucune peluche n'entre dans l'œil.

1

2

3

4

ronds, il est plus beau de prolonger le trait de quelques millimètres au-delà des coins externes des yeux. En cas de coins pendants, il est absolument nécessaire de dessiner l'extrémité du trait en remontant. Si les yeux sont trop rapprochés, on ne débute le trait qu'au milieu des yeux. L'attaque du trait doit être très fine, s'épaissir aux environs du coin de l'œil et finir vers le haut.

TRUC ***On peut éventuellement recycler un crayon khôl foncé en crayon à dessiner les contours des lèvres, à condition de tracer une ligne très mince et de l'estomper soigneusement vers l'intérieur avec un coton tige. Ensuite appliquer le fard ou le lip gloss.***

Maquillage permanent des yeux? A éviter!

■ La dermopigmentation concerne le trait d'eye-liner tout comme le contour des lèvres. Toutefois, je ne le recommande pas. En dehors du fait que les piqûres de l'aiguille sur le bord de la paupière sont extrêmement douloureuses, la procédure peut littéralement déraper et se solder par des blessures ou des inflammations. Les traits d'eye-liner permanents ont du reste fréquemment un aspect dur et peu naturel – surtout si l'on n'est pas maquillée ou imparfaitement maquillée.

LES CILS

Le mascara est indispensable. Car sans des cils bien maquillés, le maquillage des yeux le plus raffiné reste froid.

Sombres, longs et denses, avec un joli mouvement...

■ Une couronne de petits poils sombres et longs donne du relief aux paupières et anime l'expression du regard. Même le fard à paupières et le trait d'eyeliner ou de khôl ne ressortent vraiment que lorsque les cils ont été soigneusement maquillés. Le mascara (ou rimmel) est donc un must. La couche colorante enrobe chaque cil dans une sorte de film qu'elle ne se contente pas de teinter, mais fait aussi apparaître plus épais et même plus long, parce qu'elle colore aussi leurs pointes généralement incolores. Les blondes surtout, aux cils et sourcils clairs, mettent par ce moyen leurs cils mieux en valeur.

6 conseils pour une application parfaite de mascara

■ Les cils doivent être propres et secs, parce que le fard n'adhère pas sur une surface grasse.
■ La brosse à mascara doit avoir une forme correcte. Les meilleures brosses sont à soies courtes, denses, qui se terminent en pointe.
■ Ne pas mettre trop de fard sur la brosse, sinon les cils collent. Avec de bons produits, la petite brosse accroche la quantité exacte de mascara quand on la sort.
■ Le mascara doit être frais. Dès que la masse de fard se met à s'effriter, introduire une recharge ou acheter un nouveau mascara.
■ Commencer par le milieu de la paupière. Appliquer d'abord le mascara sur les cils externes, puis le reste sur les cils internes.
■ Toujours brosser de la racine vers la pointe des cils. Laisser sécher un court instant, puis répéter l'opération (éventuellement, ne faire que les pointes ou les cils externes).

Séparer des cils fraîchement maquillés avec une brosse ou un peigne à cils. C'est plus facile, quand les cils ne sont pas encore tout à fait secs.

Résistant à l'eau ou non? Tous deux ont des avantages et des inconvénients

■ Les mascaras crème et les rimmels solides ne sont pas aquarésistants. Le mascara crème est constitué des mêmes substances de base que toute crème, à savoir de graisse et d'eau auxquelles s'ajoutent des cires, des résines solidifiantes, des colorants et des conservateurs; la kératine, pour renforcer les cils, et la lanoline, pour éviter qu'ils cassent, sont des additions récentes. Le rimmel solide a en principe des constituants analogues, excepté l'eau. Avant usage, il faut donc humidifier légèrement le cake de fard sombre.
Le mascara non résistant à l'eau a l'avantage qu'il ménage un peu plus les cils que celui qui résiste à l'eau. L'inconvénient majeur: il ne permet pas d'aller nager et il faut éviter d'aller sous la pluie et de pleurer sous peine de voir la couleur se diluer. Avantage: puisque le mascara crème est soluble dans l'eau, un simple lait démaquillant ou une lotion non grasse pour les yeux suffit pour l'ôter.
■ Le fard aquarésistant pour cils (mascara waterproof) est rendu largement insoluble dans l'eau grâce à l'adjonction de résines résistantes à l'eau. En général, il ne coule pas lors de la pratique ni de la natation ni d'un sport qui fait transpirer, et défie aussi les larmes. Par ailleurs, il forme sur les cils une pellicule de couleur plus épaisse qui allonge un peu les cils en trichant sur les pointes. L'inconvénient des mascaras résistants à l'eau: ils sont liposolubles. C'est-à-dire qu'ils risquent de former des 'bordures de deuil'

sous les yeux. Aussi n'y étaler que peu de crème ou un gel oculaire non gras. Le mascara résistant à l'eau ne se démaquille convenablement qu'avec des produits gras tels qu'une crème tout usage et du démaquillant de théâtre sur un coton humide ou avec des rondelles démaquillantes trempées dans l'huile. Ce traitement irrite cependant légèrement les yeux sensibles.

■ Les mascaras aux particules de soie ou aux particules textiles qui allongent les cils apportent certes un 'plus' un peu magique en longueur et en volume, mais ils sont absolument interdits aux porteuses de verres de contact, étant donné que les particules textiles risquent de s'introduire sous les lentilles.

Teindre les cils: très pratique en vacances

■ A l'exemple des cheveux ou des sourcils, il est possible de se teindre ou de se faire teindre les cils. La couleur tient environ quatre semaines. Les cils teints sont pratiques en vacances, lorsque l'on ne souhaite pas du tout ou très peu se maquiller. Mais celles qui ont des cils clairs et qui le soir après le démaquillage ou le matin au petit déjeuner ne désirent pas offrir un visage 'nu' seraient bien avisées aussi de se teindre les cils.

Cette opération n'est pas simple à réaliser soi-même. Il faut appliquer la teinture très près du bord des cils sans qu'elle touche les yeux. Pendant le temps de pause, il faut garder les yeux fermés. Par ailleurs, les

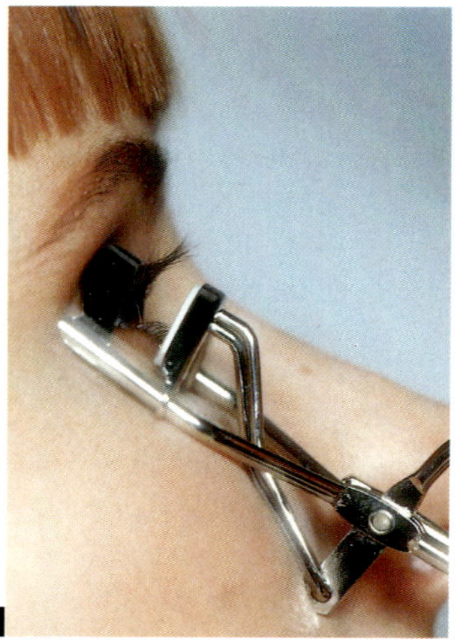
1

2

3

4

■1 La pince à cils modèle les cils droits. La placer tout près du bord des cils afin que le coude/mouvement s'effectue au bon endroit. Maquiller les cils ensuite. *■2 En levant un peu le menton, on accède plus aisément aux cils du haut avec la brosse. Pour maquiller les cils du bas, baisser un peu la tête.* *■3 Avec une pince à épiler, il est facile de prendre et de placer à l'endroit voulu des cils découpés sur une bande.* *■4 De gauche à droite: les faux cils tels qu'ils doivent être: des cils courts et longs et pas trop serrés, collés sur fil extrêmement ténu. Ils sont mis en place avec un fixateur spécial juste derrière les vrais cils après avoir mis l'ombre à paupières mais avant de faire le trait d'eye-liner. Adapter auparavant la longueur du bord de la paupière, mais décaler légèrement la bande de cils par rapport au coin interne de l'œil. Avant de se démaquiller les yeux, décoller délicatement les faux cils, les poser sur du papier et les nettoyer avec un démaquillant pour les yeux. Pratique: une double cartouche avec du mascara de couleur d'un côté et du mascara de soin de l'autre. Indispensables: une brosse et un peigne pour séparer les cils. Les brosses spiralées que l'on place par-dessous à la base des cils et que l'on tourne brièvement font merveille. Professionnelle: la teinture pour cils qui, mélangée à de l'eau oxygénée, colore de manière plus intense.*

produits à usage domestique sont moins performants que ceux employés par les coiffeurs et les esthéticiennes, de sorte qu'il ne vaut pas toujours la peine de se lancer dans cette opération complexe. Je conseille donc aux candidates à la teinture de s'adresser à un professionnel.

Les cils permanents à (presque) toutes les sauces

■ Alors que les traditionnels faux cils ont été conçus pour le faste des grands soirs et s'ôtent facilement après, les cils permanents tiennent en place pendant près de cinq semaines. On les colle sur les vrais, très près de la racine, avec un fixateur spécial un par un ou par touffes de dix cils maximum. Les cils permanents sont en vente partout. Ils résistent à l'eau; on peut prendre une douche ou se laver les cheveux. Mais il est interdit d'y mettre du mascara parce qu'ils risquent de tomber si on les démaquille avec un produit huileux. On peut aussi se coller soi-même des cils permanents. Mais pour garantir une tenue parfaite, mieux vaut le faire faire par une esthéticienne (environ 200 FF pour les deux yeux).

Les cils nécessitent-ils réellement des soins particuliers?

■ Des cils robustes démaquillés à fond tous les soirs n'ont nul besoin d'autres soins. Les traces de gras et d'humidité sur les cils provenant de l'application d'une crème pour les yeux ou d'une crème de nuit suffisent à maintenir leur souplesse. Si vous voulez faire davantage, traitez-les au mascara incolore. Il contient des huiles, des protéines, de la kératine et autres agents actifs qui tous leur procurent vitalité et souplesse. De longs cils noirs qui peuvent se passer totalement de rimmel ont plus d'éclat grâce au mascara de soin.

TRUC ***Le mascara de couleur est mis en valeur par de longs cils naturellement longs, fournis et foncés. Avec des cils courts et clairs, il faut terminer en appliquant soigneusement du mascara noir au moins sur les pointes des cils du haut et sur les cils du bas.***

Qu'est-ce qui fait pousser les cils plus vite?

Rien hélas. Leur longueur, leur densité, leur couleur et leur vitesse de croissance sont des paramètres définis génétiquement que rien ne pourra modifier. La paupière supérieure comporte de 90 à 160 cils dont la longueur varie entre 8 et 12 millimètres maximum. Quelque 75 à 80 cils poussent sur la paupière inférieure et ils mesurent entre 6 et 8 millimètres. La durée de vie des cils est de quelques mois. En temps normal, on ne s'aperçoit pas qu'un cil est tombé car il est déjà remplacé par un autre arrivé à maturité.

LES LEVRES

Se maquiller les lèvres – pas difficile? A la portée de la première venue? Peut-être. Mais les professionnels connaissent un tas de bonnes astuces qu'il vaut la peine d'apprendre

Ce que trahissent la forme de la bouche et la teinte du rouge à lèvres

■ Il est peu de parties du corps qui envoient des signaux aussi évidents que la bouche. Elle peut attirer, bouder ou repousser. La mauvaise humeur s'exprime fréquemment au travers des coins de la bouche qui tombent. On va même jusqu'à attribuer à la forme des lèvres certains traits de caractère, tout comme à la couleur qu'une femme choisit pour son fard à lèvres: la voluptueuse porte du rouge, la romantique du rose, l'excentrique du rouge-orange et la femme arrivée du nacré – dit-on.

L'ABC du parfait maquillage des lèvres

■ Plus la couleur du rouge à lèvres est vive, plus le maquillage de la bouche doit être parfait. Les cinq étapes principales sont:

■ Appliquer un baume hydratant qui préserve la souplesse des lèvres et empêche le détachement de petites peaux.

Des lèvres uniquement maquillées au crayon contour des lèvres. Le rouge au bord des lèvres est régulièrement estompé vers le centre.

■ A l'aide d'une éponge, tamponner les lèvres avec un peu de fond de teint. Cela permet une application plus uniforme et une bien meilleure tenue du rouge à lèvres.

■ Dessiner exactement le contour des lèvres avec le crayon du même nom. Commencer de préférence au 'V' du milieu de la lèvre supérieure et aller vers les coins respectifs. Pour la lèvre inférieure, tirer une ligne continue de gauche à droite. Si vous n'y arrivez pas d'un seul coup, aidez-vous de minuscules points très serrés.

■ Peindre la surface des lèvres non avec le tube de rouge, mais avec le pinceau applicateur. Prélever toujours peu de fard et l'étaler du centre vers les coins.

■ Pour enlever l'excès de couleur qui pourrait souiller les dents, appuyer un kleenex contre la bouche entrouverte. Si l'épaisseur est insuffisante, remettre une couche de rouge. Une double application intensifie la couleur des lèvres et la rend plus durable.

Pourquoi le crayon contour des lèvres est-il si important?

■ En premier lieu, pour donner discrètement une forme aux lèvres et pour empêcher le rouge à lèvres de 's'effranger'. Si la peau entourant la bouche n'est plus tout à fait lisse, on devrait en principe redessiner les contours des lèvres, quoi que l'on y applique ensuite, du rouge à lèvres, du gloss ou simplement un soin. Afin que les contours ne soient pas marqués par une ligne dure, on les estompe vers l'intérieur avec un coton tige.

Avec les crayons à lèvres, il y a aussi moyen de tricher si l'on veut corriger légèrement la forme des lèvres (davantage sur le sujet pages 90/91).

Le crayon contour des lèvres aura de préférence une couleur semblable à celle du rouge à lèvres ou sera à la rigueur un rien plus foncé.

Il y a rouge à lèvres et rouge à lèvres

■ Les rouges à lèvres se composent d'huiles (huile d'avocat, de jojoba et de ricin notamment), de cires (lanoline) et de colorants (pigments synthétiques en général). La concentration de ces substances détermine les propriétés du rouge à lèvres.

■ Les fards à lèvres mats et crémeux ont la plus grande concentration en pigments (10% environ). C'est pourquoi ils ont un grand pouvoir couvrant, et leur adhérence est excellente.

■ Chez les gloss, la teneur en pigments est inférieure de quelque 5 à 8 %, celle en huiles est supérieure dans des proportions identiques. L'effet: éclat et transparence.
■ Les fards à lèvres nacrés renferment des particules de mica synthétiques et beaucoup de lanoline.

TRUC ***Pour matifier à la perfection une bouche maquillée, on pose une épaisseur de kleenex sur les lèvres closes que l'on saupoudre copieusement de poudre transparente. Le papier fait fonction de tamis; il laisse passer la quantité exacte de poudre nécessaire pour matifier et fixer la couleur.***

Les crèmes gloss et le fard à lèvres poudre sont des variantes du rouge à lèvres classique:
■ Les crèmes gloss apportent essentiellement du brillant. C'est avant tout le rôle de la lanoline dans une concentration de près de 45 %. Il existe du brillant à lèvres coloré ou incolore. On peut le porter tel quel ou pour ajouter de l'éclat à des lèvres maquillées. Le gloss en boîtier s'étale avec le doigt, le gloss en cartouche avec l'applicateur.
■ Le fard à lèvres poudre ressemble à du fard à paupières poudre et s'applique comme ce dernier avec un applicateur à bout mousse. Dans la mesure où il ne contient quasiment pas de gras, il tient sensiblement plus longtemps que le rouge à lèvres, mais ne soigne pas aussi bien. Quand on a les lèvres très sèches, mieux vaut donc s'en passer, à moins d'employer avant un baume de soin.
■ Un crayon contour des lèvres consiste aussi en une masse de rouge à lèvres à haute concentration de pigments pressée en une mine. Il est à peu près aussi dur qu'un crayon khôl et peut se tailler avec des taille-crayons spéciaux.

Comment trouve-t-on sa couleur de rouge à lèvres?

Le choix de la nuance du rouge à lèvres n'est pas uniquement tributaire des tendances de la mode. Elle devrait s'accorder au chromotype (voir page 100) et par conséquent aux vêtements que l'on porte. La règle de base est la suivante: dans une lumière froide (ciel d'hiver, néon bleuté), attention aux teintes bleutées, dans une lumière chaude (bougies, ampoules jaunes), attention aux tons orangés et bruns.
La forme des lèvres intervient aussi dans le choix de la couleur. des teintes claires, brillantes font paraître la bouche plus grande, tandis que des tons foncés ont plutôt tendance à la réduire.
Encore une chose: les dents qui ont un reflet jaune sous-jacent paraissent encore plus jaunes entre des lèvres maquillées dans des tons brunâtres ou rouge-jaune. La solution dans ce cas sont des tons bleutés, pas trop sombres.
■ Si vous optez pour un maquillage des yeux appuyé, fardez de préférence votre bouche avec discrétion. A l'inverse, des lèvres rouge sang se suffisent à

Pour une bonne tenue du rouge à lèvres et un maquillage des lèvres impeccable: **1** *Commencer par appliquer une très fine couche de fond de teint avec une éponge.* **2** *Avec le crayon contour des lèvres, dessiner la forme des lèvres en partant du centre; relier d'un trait le contour de la lèvre inférieure du coin gauche au coin droit.* **3** *Autre moyen: maquiller les lèvres uniquement avec le crayon contour des lèvres (voir aussi page 49).* **4** *De gauche à droite: une couleur par type – le printanier, l'estival, l'automnal et l'hivernal (voir à partir de la page 100). Il est plus important que la couleur du fard à lèvres se marie au type plutôt que d'être tout à fait à la mode!* **5** *On devrait toujours employer un pinceau pour un maquillage des lèvres exceptionnel et de longue durée. Le pinceau permet de remplir l'espace délimité par le dessin des contours avec plus de précision et un meilleur dosage du rouge à lèvres.* **6** *Du gloss à lèvres simplement tamponné avec les doigts s'accorde à une tenue sportive et constitue une solution de rechange.* **7** *A conseiller: après le brossage, masser doucement les lèvres avec la brosse à dents. Cela les rend souples et rosées.*

1

2

3

4

5

6

7

elles-mêmes et n'ont besoin en contrepoint que d'un regard à peine maquillé. Une intensité égale dans le maquillage des yeux et de la bouche semble légèrement artificielle.

Comment fabrique-t-on du rouge à lèvres?

Pour fabriquer du rouge à lèvres, on mélange des huiles, des colorants pulvérisés, et de la cire fondue que l'on verse dans des moules et qui, après refroidissement, sont mis dans les bâtons de rouge à lèvres.

Est-il nocif d'avaler du rouge?

■ Les constituants des rouges à lèvres sont soumis aux prescriptions de la loi sur les cosmétiques qui autorise exclusivement l'utilisation de substances précises testées dermatologiquement. Le colorant éosine, qui entrait jadis dans la composition des rouges à lèvres, est banni aujourd'hui en raison de sa concentration toxique en métaux lourds. Les huiles et les cires employées dans la fabrication des fards à lèvres sont des produits naturels sans additifs chimiques.
Un rouge à lèvres pèse généralement 5 grammes. Si par exemple vous vous fardez trois fois les lèvres par jour et que vous avalez la couleur en mangeant, vous ingérerez 16 milligrammes environ de rouge. Les services de contrôle compétents estiment que cela ne comporte aucun risque pour la santé.

1

2

3

4

1 *Pour éviter que le rouge à lèvres ne laisse des traces (pas seulement sur les joues des hommes mais aussi sur les verres, les tasses et les serviettes), le mieux est de se maquiller uniquement au crayon à lèvres, au fard à lèvres poudre ou avec un rouge à lèvres non gras, que l'on tamponne et que l'on poudre ensuite. Pour une bonne tenue du rouge à lèvres et un maquillage des lèvres impeccable:* **2** *Maquillage des lèvres style années 60 – pour toutes celles qui aiment faire des expériences. Appliquer de la crème sur les lèvres, tamponner, en dessiner les contours avec un crayon à sourcils gris-brun et estomper avec un coton tige. Remplir le centre des lèvres avec un rouge à lèvres pâle.* **3** *Maquillage des lèvres à fort effet nacré. A recommander aux lèvres lisses aux contours sans ridules, car le brillant nacré fait ressortir toutes les inégalités; un léger brillant gras 'lisse' en revanche. Les rouges à lèvres nacrés ont plutôt l'air dur et peu naturel sur des peaux trop brunes.* **4** *De gauche à droite: du gloss (brillant à lèvres) en cartouche. Les différentes couches de couleurs se mélangent lorsqu'on retire l'applicateur. Le rouge à lèvres dans son étui tournant à pointe biseautée – pratique pour une application directe quand on n'a pas de pinceau sous la main. Le crayon contour des lèvres en présentation de luxe à mine dévissable et en formule conventionnelle avec corps en bois (à tailler avec des taille-crayons spéciaux). Le rouge à lèvres classique. Existe aussi en mini-formats.*

Le maquillage permanent des lèvres – utile ou non?

■ Les visagistes et plusieurs esthéticiennes pratiquent cette technique qui promet des contours de lèvres permanents et fait gagner ainsi journellement du temps sur la 'corvée maquillage'.
Par dermopigmentation, on incise des pigments végétaux colorants dans la peau. Cette méthode est plutôt indiquée pour des lèvres 'effrangées'. La procédure est toutefois assez douloureuse et coûteuse (de 1.000 à 2.500 FF). Si l'on veut que cet artifice soit réussi, il faut s'adresser uniquement à un expert. La couleur du contour redessiné et celle des lèvres doivent s'harmoniser au point que même la bouche non maquillée ait l'air naturel.

Que faire en cas de ridules autour de la bouche?

■ Elles apparaissent au cours des années chez presque tout le monde, parce que cette partie n'est jamais immobile. Pour prévenir le phénomène, on peut systématiquement penser à relâcher les muscles du visage. Si les ridules 'du rictus' sont déjà là, voici trois moyens pour les lisser un peu: un peeling chimique qui décolle les couches supérieures de l'épiderme tout en effaçant les petites rides. L'abrasion mécanique produit des effets similaires, mais plus accentués. Par contre, l'injection sous-cutanée de collagène rembourre la ride par l'intérieur. Aucune de ces trois méthodes n'est dénuée de risques pas plus qu'elles n'ont une action permanente. L'important – quelle que soit la méthode retenue – c'est de trouver un médecin spécialisé dans l'une quelconque d'entre elles. Généralement, ce sera un dermatologue.

TRUC ***Si vous avez un visage plutôt rond, ne dessinez pas des contours trop arqués, mais privilégiez les lignes droites, claires. En revanche, un visage petit, voire sévère, est plus féminin avec une bouche pleine, très maquillée et brillante.***

Que faire en cas de lèvres sèches?

■ Le rouge à lèvres ne va bien qu'à des lèvres lisses. Si le soleil, le froid, le chauffage ou la maladie ont rendu vos lèvres rugueuses, vous pouvez les tamponner avec du miel ou appliquer du baume à lèvres. Ne pas passer la langue sur des lèvres sèches. Cela ne fait que les dessécher davantage. Si l'on veut farder des lèvres rugueuses, on choisira de préférence un lip gloss de couleur ou un rouge à lèvres qui contient des antidéshydratants. Important: protéger les lèvres qui tendent à se gercer par une pommade protectrice UV, IR au soleil, et avec beaucoup de graisse par temps froid.

C H A P I T R E 2

Superbes maquillages étape par étape

- **Eclat naturel**
- **Maquillage du soir**
- **Maquillage pour le bureau**
- **Maquillage express**

MAQUILLAGE NATURE

Se contenter de mettre en valeur ses atouts naturels

Le mot d'ordre est 'naturel' – pour le maquillage également. Si vous vous en tenez à votre type, renoncez aux couleurs et aux effets qui dénaturent votre visage – du moins pour tous les jours. Car il est naturel que la femme ait parfois envie d'un maquillage de rêve, d'expérimenter des maquillages en rapport avec son type (directives à ce sujet à la page 60). Le maquillage ci-contre peut être porté par n'importe qui – indépendamment du type et de l'âge. Il embellit de manière feutrée et accentue ce que la nature nous a donné: une peau soignée, des yeux radieux, une bouche prompte à sourire (directives étape par étape à la page suivante).

1 *Mettre une crème hydratante sur le visage et le cou. Masser aussi les paupières, mais éviter les cils.* **2** *Humidifier une éponge à maquiller en latex et l'essorer fermement dans une serviette éponge. Mettre au centre de l'éponge du fond de teint fluide dont la couleur s'harmonise exactement à la carnation. Plier l'éponge en deux jusqu'à absorption du fond de teint par les pores du latex. (Si l'on n'humidifie pas l'éponge, le fond de teint sera moins transparent.)* **3** *Puis tamponner l'éponge sur la peau jusqu'à ce que tout le visage ait un teint unifié. Accorder un soin particulier à toutes les dépressions (fossette du menton, ailes du nez, orbites oculaires). Appliquer moins de couleur vers le menton et les oreilles ou estomper quelque peu le fond de teint.* **4** *Avec le bout des doigts, prélever un peu de blush crème dans le boîtier, en tamponner les pommettes et étendre en frottant de biais jusqu'à l'oreille.* **5** *Mettre aussi un peu de blush crème sur l'arcade sourcilière, sur les côtés du front et sur le menton – bien étendre.* **6** *Par précaution, tamponner encore une fois avec l'éponge les transitions entre le blush et le fond de teint, afin qu'elles se fondent entre elles. Ne pas essuyer,*

1

2

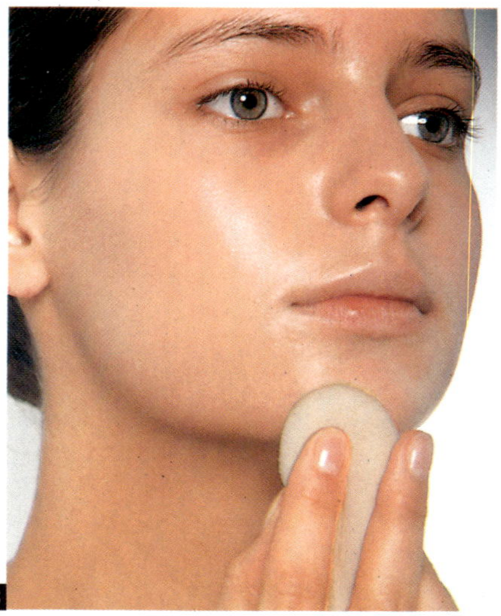

3

4

5

6

mais appuyer doucement l'éponge sur la peau. **7** *Si la peau brille beaucoup, matifier la partie médiane du visage (front, nez, menton) avec un peu de poudre libre transparente. Utiliser pour ce faire un gros pinceau avec très peu de poudre afin que la couche matifiante soit vraiment imperceptible.* **8** *Dessiner les contours des yeux avec un crayon khôl de couleur neutre, brun ou gris foncé. Le gris va mieux aux chromotypes froids, le brun va mieux aux chromotypes chauds (voir aussi page 100). En partant du centre de la paupière, tirer un trait sur les paupières supérieure et inférieure qui s'épaissit vers le coin externe de la paupière supérieure surtout. Faire se rejoindre les deux traits au coin de l'œil.* **9** *Estomper légèrement le trait de khôl sur la paupière supérieure avec un applicateur à bout mousse.* **10** *Maquiller les cils au mascara brun ou noir selon le type de couleur, en insistant nettement sur les coins externes.* **11** *Pour un maquillage très naturel des sourcils, essuyer soigneusement la brosse à mascara sur un kleenex et la passer très légèrement sur les sourcils. D'abord dans le sens du poil, puis de bas en haut. Mettre la couleur uniquement sur les poils, pas sur la peau.* **12** *Appliquer un rouge à lèvres qui ne soit ni trop pâle ni trop vif, mais qui appuie la teinte naturelle des lèvres.*

7

8

9

10

11

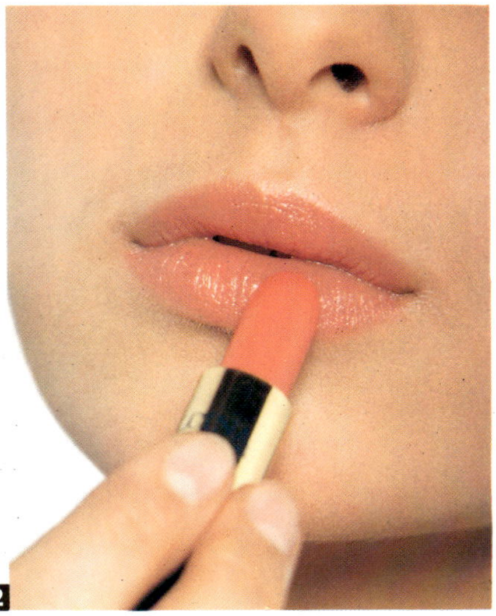

12

MAQUILLAGE DU SOIR

1

2

3

4

5

6

Montrer que l'on peut aussi être très différente!

A la mode et intemporel à la fois: un maquillage pour tenue de soirée. Pour les femmes qui ne dédaignent pas à l'occasion se faire remarquer.

1 *Rendre son 'tonus' à la peau fatiguée: brumiser la peau (sur laquelle on a pris soin d'étaler une crème).* **2** *Appliquer un fond de teint compact. Il peut être légèrement plus clair que le fond de teint pour le jour. L'effet est plus 'spectaculaire'. Le plus souvent, un ton pâle s'accorde d'ailleurs mieux avec le cou et le décolleté. Etaler le fond de teint sur la peau par pressions successives à l'aide d'une éponge sèche avec peu de produit à la fois. Mettre aussi très peu de fond de teint sur les lèvres et les paupières. Estomper soigneusement les transitions du cou et des oreilles.*
3 *Recouvrir les petits boutons et les taches qui transparaissent toujours avec du fond de teint compact ou une crème spéciale.* **4** *Avec la houppette, tamponner centimètre par centimètre la poudre transparente sur la peau; insister sur le pourtour des ailes du nez.*
5 *Effet spécial sourcils: accentuer le côté interne, allonger le côté externe.*
6 *Sous la pommette, étaler au pinceau un blush poudre de*

biais vers l'arrière (voir page 30). **7** *S'il convient de modeler quelque peu le visage (pour le faire paraître plus étroit, par exemple), étaler une poudre brunâtre sous le fard à joues. Estomper légèrement le tout avec un pinceau à poudre propre afin que le rouge se fonde dans le brun et qu'ils ne laissent pas de contours sur la peau claire.* **8** *Farder aussi légèrement les tempes, le menton et, selon la tenue, le cou et le décolleté avec un blush légèrement plus brunâtre.* **9** *Tamponner tous les endroits passés au blush avec un souffle de poudre transparente pour atténuer la couleur et ici aussi estomper les contours. Poudrer légèrement le cou et le décolleté avant l'application du blush.* **10** *Maquillage des yeux: mettre du fond de teint clair sur la paupière jusqu'à la pliure.* **11** *Appliquer un fard à paupières poudre foncé (gris ou brun). Partir le long du bord supérieur de la paupière, puis autour du coin externe de l'œil et revenir presque jusqu'au coin interne de l'œil. Attention: plus on insiste vers le coin interne, plus les yeux se rapprochent optiquement. Et inversement: si on accentue le coin externe, les yeux s'écartent.* **12** *Appliquer une seconde couleur (bel effet dramatique: du bleu nuit) sur la partie restée libre entre le bord et le pli de la paupière. Estomper les deux couleurs.* **13** *Ombrer aussi légèrement*

7

8

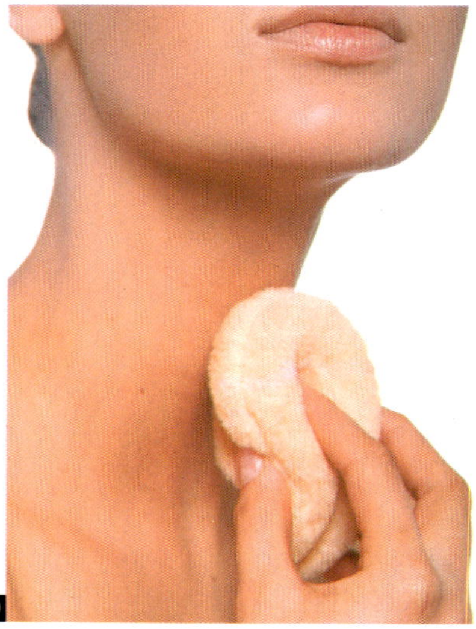

9

10

11

12

la paupière inférieure. Epaissir l'ombre en direction du coin externe de l'œil et la fondre dans l'ombre du dessus.
14 *Tracer un trait sombre à l'eye-liner liquide sur le bord de la paupière supérieure. Large ou étroit, pourvu qu'il suive la forme de la paupière: sur de grandes paupières, le trait peut mesurer quatre millimètres d'épaisseur jusqu'au coin externe de l'œil où il se termine en pointe. Sur des petites paupières, dessiner un trait plus mince en ne partant que du milieu de la paupière.*
15 *Recourber précautionneusement la pointe des cils vers le haut à l'aide d'une pince adéquate. Faire attention à ne pas brouiller le maquillage. (Si l'on procède à cette opération avant, on complique en revanche l'application de l'eye-liner et du fard à paupières). Mettre ensuite par deux fois du mascara, noir de préférence, sur les cils du haut et du bas.* **16** *Fixer sur l'extérieur de la paupière supérieure deux ou trois petits faisceaux de faux cils entre les vrais. Mettre un point de colle sur les petits poils et les mettre en place à l'aide d'une pince à épiler.* **17** *Dessiner les contours des lèvres avec un crayon.* **18** *Etaler très soigneusement le rouge à lèvres au pinceau, presser légèrement les lèvres sur un kleenex et renouveler l'opération. La couleur du fard à lèvres doit se marier à celle du fard à joues et être vive sans trop concurrencer le maquillage des yeux.*

13

14

15

16

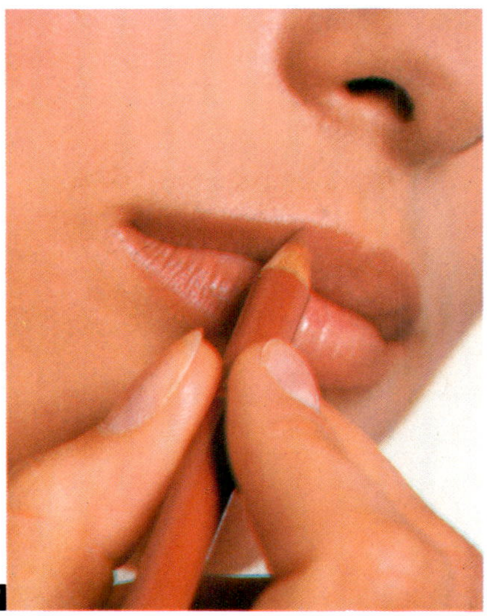
17

18

MAQUILLAGE POUR LE BUREAU

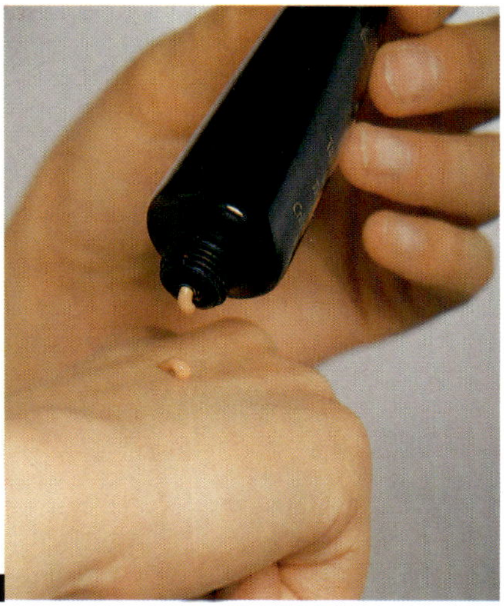
1

2

3

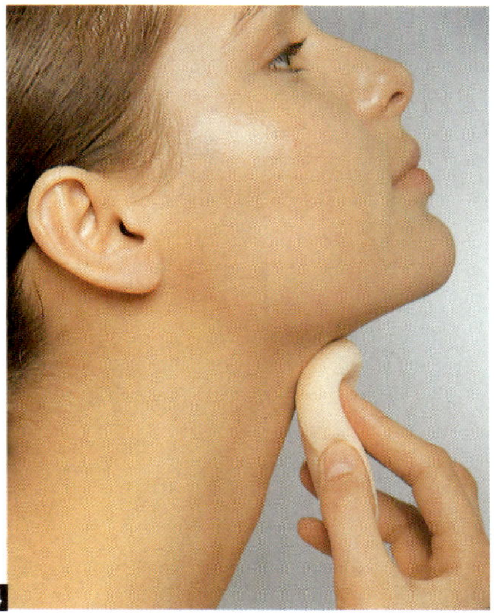
4

5

6

Discret et sûr de soi – le look parfait de la femme d'affaires

Le matin pas trop 'fort', le soir pas trop 'faible' – un maquillage toutes occasions pour femmes de caractère

1 *Même si vous êtes pressée le matin: toujours mettre le fond de teint sur le dos de la main.* **2** *L'y prélever par petites quantités du bout des doigts. L'appliquer sur le visage en le tamponnant avant de l'étaler. L'avantage de cette technique: le fond de teint a l'air très naturel, mais il est possible d'en rajouter là où par exemple des rougeurs ou des petites veinules transparaissent encore sous la première couche.* **3** *Faire soigneusement pénétrer le fond de teint avec l'éponge.* **4** *Etendre le fond de teint jusqu'au cou de manière à épargner l'encolure.* **5** *Avec une grosse houppette, prélever de la poudre transparente et en faire tomber l'excès sur le dos de la main.* **6** *Ce qui y adhère encore suffit pour matifier quelque peu le fond de teint.*

7 *Dessiner la forme des sourcils avec un crayon à sourcils bien taillé en retravaillant légèrement le bord supérieur. Passer légèrement dessus avec une petite brosse sèche. Autre possibilité: mettre un peu de laque sur la brosse et fixer ainsi les sourcils.* **8** *Appliquer au pinceau sur les pommettes un blush poudre dans une nuance discrète, naturelle sans contours marqués. Le blush doit être assimilé à un voile tendre.* **9** *Mettre aussi un peu de blush poudre sur l'arcade sourcilière, cela 'ouvre' les yeux.* **10** *Sur la paupière inférieure, tirer un fin trait de khôl le long des cils, sur la paupière supérieure tirer un trait un peu plus gros. Ces deux traits s'épaississent vers le coin externe de l'œil où ils se rejoignent. Ne pas débuter dans le coin interne de l'œil, mais au milieu ou dans le premier tiers de la paupière. Le gris foncé et le brun foncé sont des couleurs idéales (parce que neutres) – selon les chromotypes (voir aussi pages 100 et suivantes).* **11** *Prendre un peu de fard à paupières poudre de la même teinte sur l'applicateur et estomper légèrement les deux traits.* **12** *Avec un peu plus de fard à paupières, ombrer en V le coin externe de l'œil. Avec des tons sombres, il est très important de doser très parcimonieusement le fard, en multipliant éventuellement les applications*

7

8

9

10

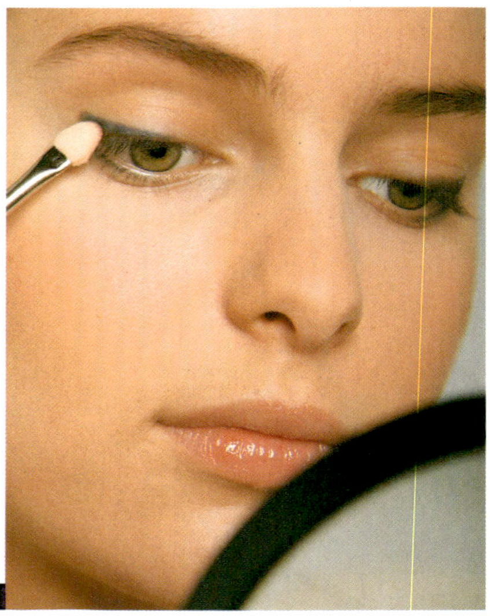
11

12

jusqu'à obtention du résultat désiré. **13** *Appliquer du mascara noir sur les cils: deux fois en haut, une fois en bas; insister sur les cils extérieurs.* **14** *Graisser les lèvres à la vaseline ou avec une crème assimilée; cela les assouplit (voir plus bas) et le crayon contour des lèvres glissera mieux après. Oter l'excédent en appuyant un kleenex sur les lèvres.* **15** *Dessiner soigneusement les contours des lèvres. Pour plus de facilité, commencer au centre de la lèvre supérieure et tirer le trait en direction du coin de la bouche – d'abord d'un côté, puis de l'autre.* **16** *Les contours suivront non le bord externe mais le bord interne des lèvres avec arrêt précis aux coins (exceptions, voir pages 90/91). Un tracé exact des contours importe surtout en cas de contours naturellement imprécis par endroits.* **17** *Appliquer le rouge à lèvres. Si vous êtes pressée, directement avec le tube, sinon avec le pinceau. Surtout peindre soigneusement les coins.* **18** *Pour un maquillage longue tenue, appuyer légèrement une épaisseur de kleenex contre les lèvres et poudrer avec un peu de poudre libre. Cela enlève toutefois le brillant. Pour qui veut de l'éclat, étaler ensuite une seconde couche de rouge à lèvres.*

13

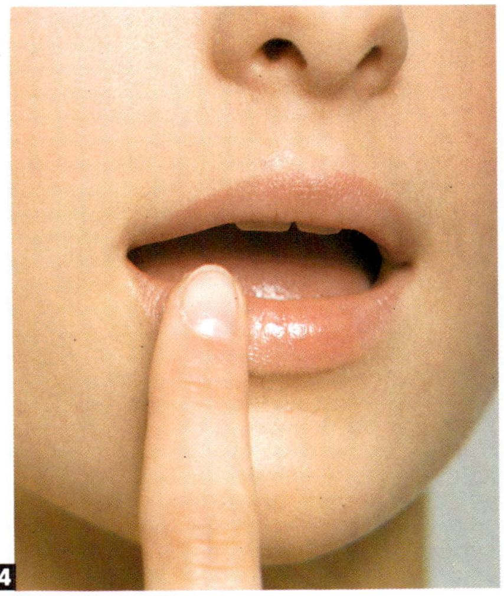
14

15

16

17

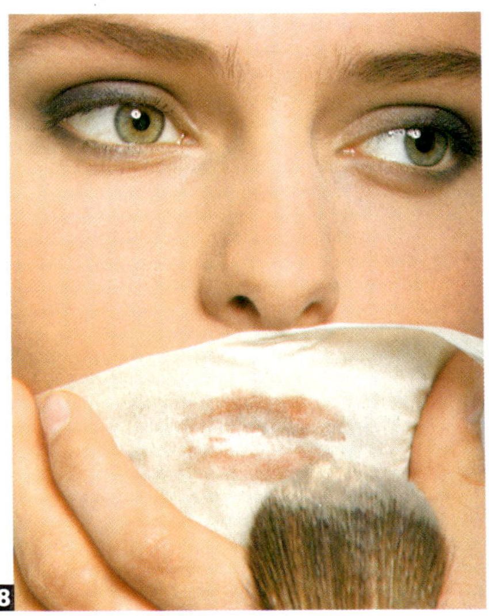
18

MAQUILLAGE EXPRESS

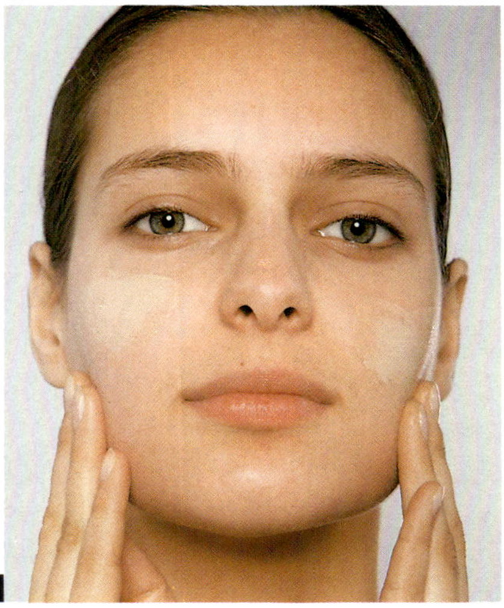

1

2

3

4

5

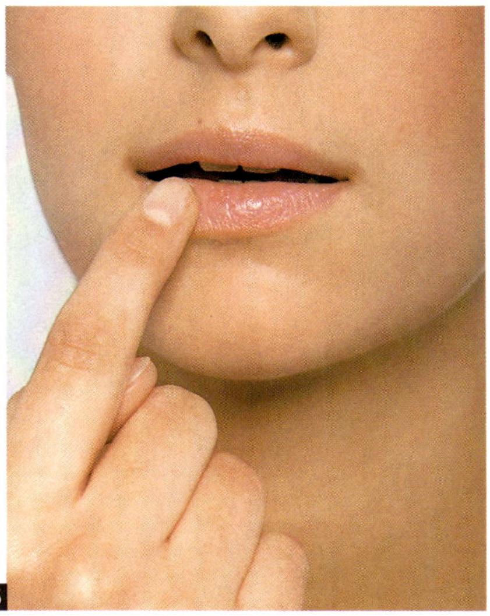

6

Les trucs vite faits pour les loisirs et les voyages

Un moyen terme entre l'absence de maquillage et les heures passées devant le miroir. Avec quatre produits seulement – c'est possible!

1 *Employer une simple crème de jour teintée au lieu d'une base hydratante et d'un fond de teint. Alternative pour peaux grasses: étaler à sec un fond de teint compact avec une éponge, comme une poudre.* **2** *Encadrer le coin externe de l'œil de khôl foncé.* **3** *Ne mettre du mascara que sur les cils extérieurs – en haut et en bas.* **4** *Essuyer la brosse à mascara sur un kleenex et la passer délicatement sur les sourcils.* **5** *Avec un rouge à lèvres de texture crémeuse, dessiner deux traits sur les pommettes et les étaler en frottant: cela tient lieu de fard à joues.* **6** *Tamponner les lèvres avec la même couleur – et c'est terminé!*

C H A P I T R E 3

Soigner et protéger la peau

- **L'ABC du démaquillage**
- **La crème de soin: un must**
- **Comment faire le bon choix**
- **Les protections contre le soleil et le gel**

LA PEAU

Le maquillage embellit, c'est évident. Mais le fond de teint, la poudre et tout le reste ne sont vraiment mis en valeur que sur une peau irréprochable. Autrement dit: un nettoyage quotidien, de bonnes crèmes et un extra à l'occasion sont indispensables.

■ L'estimation correcte du type de peau est la condition préalable au choix des produits de soins. Ce n'est que lorsque crèmes et lotions correspondent vraiment aux besoins de la peau que leurs effets répondent à notre attente. Dans le doute, demandez un diagnostic cutané à une bonne esthéticienne ou essayer à l'aide d'un test de déterminer personnellement votre nature de peau. Il nécessite une bonne lumière, un miroir et un petit paquet de papier de soie (du papier à cigarettes de préférence). Procédez ainsi: lavez-vous la peau avec un savon doux sans mettre de crème ensuite. Après une heure, vérifier l'état de la peau.

■ **Les peaux mixtes** sont des peaux qui, après des tiraillements initiaux, redeviennent souples. Avec le papier de soie, prendre respectivement une empreinte du front, du nez et des joues. Seuls les bouts de papier correspondant au front et au nez devraient porter des traces de gras.

■ **Les peaux sèches** sont des peaux qui une heure après avoir été lavées tiraillent encore et qui ne laissent aucune trace de gras sur aucun bout de papier de soie.

■ **Les peaux grasses** sont des peaux qui brillent fortement dans leur partie médiane et qui laissent des traces de gras nettes sur tous les bouts de papier de soie.

Les soins des peaux mixtes

■ Les peaux mixtes sont les plus fréquentes et représentent en réalité le type de peau 'normal'. Car il est absolument normal et même avantageux que la ligne médiane soit plus grasse que le reste du visage. Le front, le nez et le menton saillent un peu et de ce fait nécessitent davantage de protection. Donc, si la peau brille un peu de temps à autre à ces endroits, cela ne justifie pas le recours à des produits anti-gras. Une utilisation habile de la poudre (voir page 20) suffit presque toujours à maîtriser le problème.
Il en va autrement d'une zone médiane excessivement grasse, avec tendance acnéique, particulièrement pendant et après la puberté. Dans ce

cas, quelques produits spéciaux issus de lignes de soins pour peaux grasses ont une utilité certaine. Le nettoyage quotidien est aussi essentiel que pour tout autre type de peau. Car même le meilleur maquillage doit être ôté le soir, si l'on veut garder une belle peau au teint clair.

■ **Les produits nettoyants** qui se rincent à grande eau conviennent le mieux aux peaux mixtes, car ils sont à la fois efficaces et doux, tout en étant rafraîchissants et ultra-simples à utiliser. Lait démaquillant formulé pour se rincer ensuite, gel lavant clair, crème nettoyante ou 'pain dermatologique' (détergent synthétique) non alcalin, chacun est libre de choisir ce qu'il préfère. Tous ces produits existent pour peaux normales et mixtes. Du reste, il ne faut pas confondre pain dermatologique et savon alcalin normal. Un savon normal ne dissout pas très bien le maquillage et, en outre, il déséquilibre provisoirement le pH de la peau – ce qui est mauvais pour la zone médiane surtout.
Les peaux mixtes à zone médiane peu grasse ne doivent être nettoyées à fond avec un produit à base lavante que le soir. Le matin, il suffit de rafraîchir le visage à l'eau tiède. Mais pour les parties médianes très grasses, il convient d'utiliser ce produit le matin également. En tout cas, il faut toujours rincer abondamment à l'eau tiède.

■ L'emploi d'une **lotion tonique** après l'application de produits nettoyants solubles dans l'eau est facultatif. C'est cependant un achat justifié si le milieu du visage sécrète beaucoup de sébum. L'idéal est une lotion contenant un peu d'alcool et des extraits végétaux qui resserrent les pores. A appliquer sur le nez, le front et le cou matin et soir. Elle contient légèrement l'effet de brillant et affine l'épiderme pour une durée limitée.

■ Des **crèmes** telles que des émulsions semi-liquides (= lait) pour peaux mixtes doivent renfermer beaucoup d'eau mais pas trop de graisses. Les produits qui sont proposés pour peaux normales ont généralement la bonne composition. Pour des peaux jeunes, un seul lait ou crème suffit pour le jour et pour la nuit. Si la peau de la zone médiane devait présenter un excès de sébum

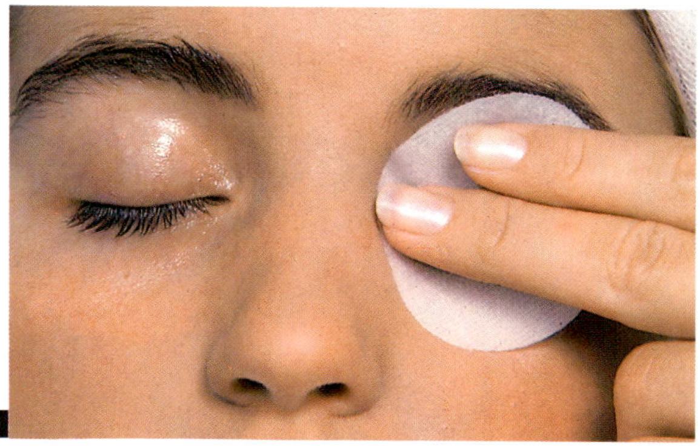

1

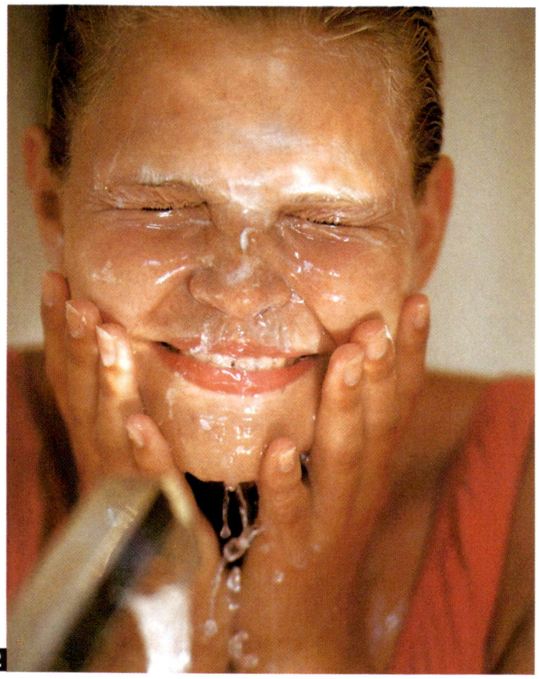

2

1 Eviter de tirailler la peau pendant le démaquillage des yeux. Recourir de préférence à un démaquillant spécial qui élimine en douceur le mascara.
2 Rincer très soigneusement la crème nettoyante à l'eau tiède. Les résidus de substances lavantes nuisent à la peau!
3 Ne jamais essuyer le visage, procéder par légers tapotements.

3

1

2

1 En un clin d'œil, les crèmes gommantes rendent la peau plus claire, plus fine et plus rose. Masser un peu plus énergiquement la partie médiane, plus doucement les joues. 2 Etaler délicatement la crème contour des yeux, et bien la faire pénétrer en tapotant du bout des doigts. Ne pas mettre de crème de jour sous une crème contour des yeux grasse; des gels, en revanche, s'appliquent en complément d'une crème de jour.

occasionnel – ce qui risque de se produire également en été avant et après les règles -, on fera simplement l'impasse sur cette zone lors de l'application de la crème.

■ Des **extras utiles**: les gommages avec de fines particules exfoliantes resserrent le grain de la peau parce qu'ils éliminent les cellules mortes de l'épiderme et préviennent ainsi l'épaississement de la couche cornée. C'est surtout bénéfique à la zone médiane. Appliquer la crème gommante deux à trois fois par semaines en lieu et place du nettoyage habituel. Insister davantage sur les zones grasses, un peu moins sur les zones latérales.

■ Les **masques hydratants** sont utiles lorsque les zones latérales sont plus déshydratées que de coutume (notamment en hiver à cause du chauffage). Après un gommage, ne pas hésiter à recouvrir aussi la zone médiane. (N'éviter cette zone que si elle est vraiment très grasse. Alors éventuellement recourir à un masque spécial peaux grasses).

Les soins des peaux sèches

■ Bien traitées, ce sont les plus belles peaux à l'état jeune: veloutées, lisses et rosées. Elles n'ont pas de problèmes de comédons et de boutons. Malheureusement, les peaux sèches sont en même temps assez sensibles. Elles ne produisent que peu de substances protectrices qui les mettent à l'abri des agressions extérieures et qui préviennent la déshydratation. La conséquence est parfois des tiraillements désagréables, une peau irritée et qui pèle. De ce fait, les peaux sèches tendent aussi à la formation plus précoce de ridules que les autres types de peaux.
La cosmétique moderne a néanmoins réussi entre temps à compenser les déficits des peaux sèches. Cela dit, la devise des peaux sèches en matière de soins est 'qui peut le plus peut le moins'. Car si ces peaux tendres réagissent le plus souvent mal et instantanément quand on les néglige, elles ne sont guère plus réceptives à des soins pléthoriques ou à des changements fréquents de produits de soin. Un programme res-

treint, bien coordonné et exécuté de manière logique leur convient mieux.

■ Pour **le nettoyage**, un lait gras choisi dans une gamme de soins pour peaux sèches s'impose. S'ôte avec des kleenex ou de l'eau en fonction des instructions d'emploi. Même le nettoyage le plus doux prive les peaux sèches d'une partie de leurs substances protectrices naturelles. Aussi n'utiliser le lait que le soir. Le matin, se contenter de nettoyer la peau à l'eau tiède ou employer un tonique doux adapté au type de peau.

■ Un **tonique** est toujours indiqué après le nettoyage avec un lait démaquillant gras. Quoique sans alcool, il ravive et rafraîchit la peau. Par ailleurs, les lotions pour peaux sèches sont enrichies en extraits de plantes et en agents hydratants qui offrent un plus en matière de soins.

■ Les **crèmes** pour peaux sèches doivent contenir un plus de substances hydratantes soit une forte quantité de lipides. La crainte d'un aspect luisant n'est pas fondée: actuellement, l'industrie cosmétique réussit à incorporer beaucoup de lipides dans des émulsions ultra-légères, vite absorbées par la peau. Contrairement aux types mixtes, il est recommandé aux types de peaux sèches de se procurer une crème de jour spéciale. Les bons produits de soin sont aujourd'hui presque tous munis de filtres UV qui préservent les peaux sèches et vulnérables contre les manifestations du vieillissement.

■ Les **extras qui valent la peine**: une crème contour des yeux n'est pas inutile dès l'apparition des premières ridules. Idéal pour la journée: des gels légers. Ils s'étalent sous la crème de jour, hydratent à fond la peau tendre tout en favorisant le maquillage et en facilitant sa tenue.
Les masques crème assouplissent et apaisent les peaux sèches rougies et irritées. Les soins spéciaux peaux sensibles contiennent des agents végétaux aux vertus adoucissantes (comme la camomille et le souci) ainsi que du panthénol et de l'allantoïne aux vertus réparatrices.

1

2

1 *Mettre quelques noisettes de crème et étaler. Si votre peau brille toujours après 10 minutes, c'est que vous avez utilisé trop de produit. Soyez moins généreuse la prochaine fois.* **2** *Les masques hydratants de texture crémeuse s'appliquent libéralement. Ils aident la peau fatiguée à retrouver très vite souplesse et 'tonicité'. Profiter si possible du temps de pause pour se décontracter un peu. L'effet en sera sublimé.*

1

2

1 *Les peaux tendres, sensibles méritent qu'on les gâte de temps à autre avec une huile fine, riche en vitamines. Les huiles décongestionnent, apaisent, adoucissent et satinent la peau.* **2** *Agir à temps contre les ridules d'expression autour des yeux. Pratique: un stick format bâton de rouge à lèvres pour le voyage. Il protège et lisse la peau.*

Les soins des peaux grasses

■ Les peaux grasses sont les mieux équipées pour se prémunir des agressions extérieures et d'un vieillissement cutané précoce parce qu'elles fabriquent elles-mêmes un solide film protecteur. Il devient cependant un problème quand il luit ostensiblement sur la peau. Conjugué aux cellules mortes, il obstrue les pores. Des soins conséquents peuvent conférer aux peaux grasses un aspect net. Ils peuvent essentiellement empêcher que les pores s'obstruent trop vite et que les comédons ainsi formés se transforment en boutons. Ce qu'il ne faut pas attendre de ces soins, quelle que soit leur rigueur, c'est une métamorphose du type de peau. Ses caractéristiques sont innées et ne se modifient souvent de manière notable que vers le milieu de l'existence.

■ **Le nettoyage** est un acte majeur dans les soins des peaux grasses, avec lequel il ne s'agit vraiment pas de badiner. Les produits de synthèse non alcalins sont presque toujours les meilleurs. Ce sont des lotions lavantes liquides ou des pains solides en forme de savons avec des substances détergentes non alcalines. Ils dégraissent davantage la peau qu'un lait démaquillant sans toutefois modifier – comme le savon – leur pH naturel. Puisque les peaux grasses sécrètent du sébum également la nuit, il est bon de les nettoyer profondément aussi le matin.

■ Le **tonique** est aussi très salutaire pour les peaux grasses. Il rafraîchit, affine l'épiderme pour quelques heures et prévient surtout le retour trop rapide du film luisant. Une lotion pour peaux grasses devrait contenir, outre un certain pourcentage d'alcool, des additifs qui resserrent les pores (astringents) et anti-inflammatoires (antiseptiques).

■ Les **peaux grasses** ont besoin de crèmes à doses modérées. A préconiser sont les émulsions fluides hydratantes et les moins nourrissantes possible ou des gels entièrement non gras. Comme la concentration en matières grasses (huiles, acides gras) est rarement indiquée sur les produits, on devrait prendre la précaution de n'acheter que des produits spécialement destinés aux peaux grasses. D'autant qu'il existe des agents gras comédogènes. Avec des produits spécifiques, on est à peu près sûr qu'ils ne contiennent pas ce type de composants.

■ Les **extras qui valent la peine** : les gommages sont parfaits pour les peaux grasses. Ils renferment des microparticules qui stimulent la micro-circulation et affinent l'épiderme en libérant les pores des cellules mortes, de sorte que la peau s'illumine et retrouve globalement éclat et douceur. A utiliser deux à trois fois par semaine à la place du nettoyage normal.

■ Les **masques purifiants** ont une action analogue à celle des peelings (gommages). Simultanément, ils raffermissent un peu la peau. De nombreux masques comportent aussi des agents apaisants qui favorisent la guérison des inflammations. Un masque purifiant est également recommandé en tant que préparation à un maquillage extrêmement soigné et de longue tenue.

■ Une **crème** contour des yeux est utile si les premières fines pattes d'oie se manifestent, car la peau fragile des paupières est toujours sèche et mal protégée, même chez les peaux grasses.

Les soins des peaux acnéiques

L'acné est un problème dermatologique qui peut faire son apparition au début de la puberté et, dans la majorité des cas, disparaître de lui-même sans laisser de traces. Cependant, il y aurait lieu de prendre des mesures d'hygiène adéquates dès les premiers signes. Ainsi faire éliminer les comédons, percer et désinfecter les boutons régulièrement par des personnes qualifiées.

■ **Ce que l'on peut faire soi-même**: nettoyer sa peau quotidiennement et systématiquement en profondeur avec des produits lavants non alcalins. Ne jamais exagérer néanmoins. L'acné n'est pas une question d'hygiène comme on le croit encore. Elle a des causes hormonales qui ne s'éliminent pas par simple lavage. Un nettoyage forcené rend la peau inutilement sensible. Comme

1

2

1 Les brosses servant à passer le nettoyant moussant nettoient en profondeur les peaux grasses, aux pores obstrués. Idéale aussi pour les épidermes blafards et mal irrigués. Ce nettoyage intensif quotidien remplace le gommage hebdomadaire. 2 Les bains de vapeur ouvrent les pores et amollissent légèrement la couche cornée. Très utiles avant d'extraire les points noirs ou de faire un gommage.

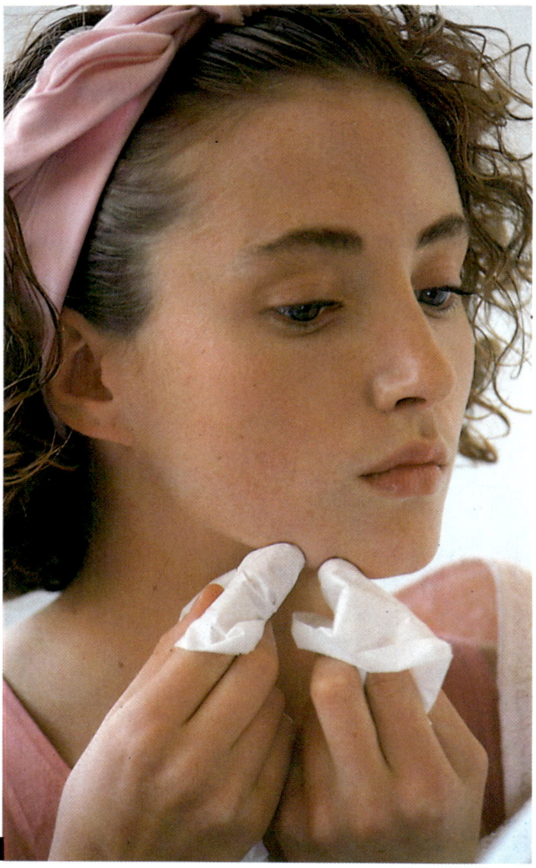

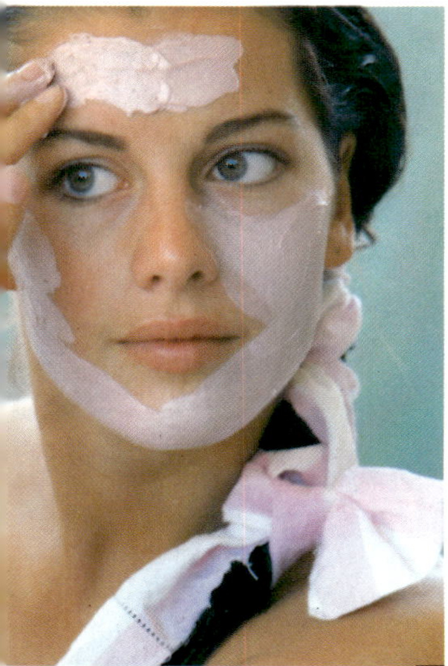

1 *Enlever les comédons avec le bout des doigts; ceux-ci sont enroulés dans un coton propre. Presser légèrement la peau autour du comédon. Désinfecter ensuite avec un alcool antiseptique à 70°.* **2** *Un masque nettoyant qui contient des agents calmants et antibactériels en supplément du traitement des boutons enlève l'irritation et les rougeurs.*

soins, employer des produits hydratants; la plupart du temps, un seul suffit pour le jour et la nuit. Il existe des sticks correcteurs spéciaux à pouvoir soignant. Il faudrait toujours les avoir sur soi et les utiliser dès les signes avant-coureurs d'un nouveau bouton. Vous pouvez extraire vous-même délicatement les comédons qui sont libres de sortir – reconnaissables au petit point noir. Ce qui ne vous autorise pas à triturer votre peau à chaque fois que vous vous regardez dans un miroir. Ces 'opérations' se limiteront de préférence à une séance hebdomadaire. Auparavant, nettoyer la peau en profondeur. Ouvrir les pores grâce à un bain de vapeur ou des compresses chaudes; cela facilite ensuite l'extraction des comédons.

■ **Ce qui est du domaine de l'esthéticienne**: les kystes sébacés, qui reposent sous la peau comme des petits nodules, doivent être ouverts à l'aide d'un instrument spécial – sous la responsabilité d'une esthéticienne diplômée. Si on les manipule soi-même, on risque de provoquer une inflammation qui laissera une cicatrice plus tard. De même, plutôt que presser soi-même ses boutons, on laissera ce soin à une spécialiste.

■ **Quand on a besoin d'un médecin**: si vous avez en permanence plus de trois, quatre boutons mûrs, un traitement médical est à conseiller, surtout si ces boutons évoluent souvent en nodosités rouges et douloureuses. Grâce à des antibiotiques et à des cures de desquamation, sur prescription médicale uniquement, qui réduisent à la fois la séborrhée et l'épaississement de la couche cornée, le traitement de l'acné donne généralement de bons résultats de nos jours. Très important: faire preuve de persévérance dans la prise des médicaments.

Les soins des peaux mûres

■ Tôt ou tard, au début de la trentaine, la peau devient plus exigeante en matière de soins. Elle est moins ferme et moins élastique, les premières ridules font leur apparition et une mauvaise hygiène de vie – trop peu de sommeil, trop de stress, l'habitude de quelques drinks en trop laisse des traces. Des soins au moyen de produits hautement actifs ne peuvent certes effacer ces traces, mais bien les atténuer – surtout si l'on modifie parallèlement son hygiène de vie.

■ Les **cures d'ampoules** contiennent des agents de soins sous forme concentrée. Elles activent la micro-circulation ainsi que l'oxygénation cutanée, stimulent le métabolisme et diffusent des principes actifs régénérants dans la peau. Les ampoules s'utilisent de préférence en cures de huit à dix jours. A conseiller lorsque la peau a l'air plus terne et dévitalisée que d'habitude.

■ Les **crèmes de jour à filtre UVA/UVB** sont indispensables à partir de 30 ans afin de freiner le vieillissement dû aux rayons ultra-violets.

■ Les **crèmes hydratantes ultra-performantes** sont idéales pour les peaux délicates. Elles aident à préserver la douceur et la souplesse des couches supérieures de l'épiderme. Très bénéfiques sont les produits aux acides gras essentiels et aux 'céramides', une substance qui renforce le lien entre les cellules, améliore l'hydratation et accroît les défenses de la peau contre les agressions quotidiennes.

■ Les **vitamines** peuvent aider la peau à rester jeune plus longtemps – même par voie externe. Il s'agit surtout des vitamines A, E et C. Elles sont en mesure de neutraliser les molécules agressives qui, de nos jours, sont considérées comme les principaux facteurs responsables du vieillissement. Ces 'radicaux libres' s'attaquent aux cellules saines, les affaiblissent et les endommagent.

■ Les **masques raffermissants** sont imbattables, lorsqu'il est question d'effacer – du moins pour un temps – toute trace de fatigue.

■ L'**essentiel**: pas plus tard qu'aujourd'hui, prendre très au sérieux les soins quotidiens. Ce n'est pas toujours aisé, parce qu'il faut rarement s'attendre à court terme à des résultats spectaculaires. Force est cependant de constater que l'effort n'a pas été et ne sera pas vain, quelques années plus tard, au toucher et à la vue d'une peau restée jeune.

1

2

3

1 Les cures d'ampoules apportent à l'épiderme des actifs concentrés qui sont censés stimuler et améliorer le métabolisme cutané. 2 Le cou appartient aux 'zones sèches' de la peau. Il a besoin de soins particulièrement nourrissants. 3 Les masques-gels sont des baumes beauté éclair. Ils rafraîchissent, revitalisent et lissent aussi pour des heures les petites rides.

ACHETER

Il n'est pas toujours facile de trouver les bons produits de soins, car le personnel des points de vente des produits cosmétiques n'est pas forcément formé pour dispenser des conseils compétents et personnalisés. Il est néanmoins possible dans une large mesure d'éviter les mauvais achats. En faisant attention à une série de points, il y a beaucoup de chances d'obtenir ce dont on a réellement besoin.

■ Important: aller s'informer des produits de beauté sans fond de teint et sans poudre. Si possible aussi sans crème, le diagnostic en sera facilité. L'expérience montre que ce dernier est dans les boutiques la principale pierre d'achoppement sur le chemin des soins adaptés au type de peau. Sa détermination requiert également une dose d'expérience en plus de connaissances spécifiques, et il est rare de posséder les deux. On veillera dès lors à faciliter la tâche de la vendeuse-conseil.

■ Avant de partir, faire une liste des 'bienfaits' et des 'méfaits' des préparations utilisées jusqu'à présent. Plus on les formulera avec précision dans le magasin, plus on aura de chances de rentrer chez soi avec les bons produits.

■ On devrait aussi réfléchir avant à ce que l'on attend de nouveaux produits. Ne pas oublier: la cosmétologie peut beaucoup actuellement – mais elle n'est pas encore à même de réaliser des miracles. Ainsi, elle n'est pas un substitut pour un rythme de vie à peu près sain. Elle peut différer quelque peu la formation de ridules, mais ne peut dans le meilleur des cas qu'atténuer faiblement les rides existantes. De bons produits réussissent également à donner à un type de peau sa forme optimale – mais ils ne peuvent en aucun cas le modifier fondamentalement. Il ne faut donc pas en attendre davantage et ils ne devraient d'ailleurs pas promettre davantage.

■ Il faut absolument signaler l'existence d'une allergie – même s'il ne s'agit pas d'une allergie à des produits cosmétiques, mais par exemple d'un rhume des foins. Les candidates aux allergies se verront recommander par une vendeuse bien informée, à leur demande, une ligne des soins dermatologiquement testés; quelques-unes d'en-

Un choix difficile: quel produit de beauté choisir? Les spécialistes déclarent que le critère n'est ni l'image de la marque ni le prix, mais l'état de la peau après deux ou trois semaines d'utilisation continue.

tre elles sont baptisées 'hypoallergéniques'. Leurs produits offrent une garantie élevée de tolérance.

■ Parmi les produits nouvellement recommandés, choisir par principe le plus petit conditionnement. Il est comparativement plus cher, mais si l'on n'emploie que partiellement le grand conditionnement parce que le produit ne convient pas à la peau, le coût à l'arrivée est supérieur. Lors d'un achat ultérieur, comparer les prix des pots et des tubes. La marchandise est fréquemment moins chère en tube – même si la quantité plus grande contenue dans le pot justifierait par comparaison une réduction de prix.

A quoi reconnaît-on des conseils avisés?

■ Une vendeuse-conseil compétente, qui s'investit dans ce qu'elle fait, commence par tester la peau de la cliente. On peut se sentir entre d'excellentes mains lorsque l'état de la peau est testé à nouveau à l'occasion d'achats ultérieurs, car il est réputé susceptible de changer légèrement au fil du temps. C'est mauvais signe lorsque la vendeuse accorde une attention distraite à votre peau et plonge instantanément dans les rayons. Dans ce cas, le mieux est de faire demi-tour.

■ Une bonne vendeuse-conseil s'informe également des expériences personnelles de la cliente dans le domaine des cosmétiques. Mauvais signe: une tentative de convaincre une cliente qu'elle n'a pas la moindre idée de ce qui est bon et de ce qui est mauvais pour sa peau. Nous sommes toutes mieux placées pour sentir nous-mêmes comment notre peau réagit.

■ La vendeuse-conseil idéale a aussi un type sympathique. C'est après tout une affaire de confiance, et la confiance suppose la sympathie. Si le courant ne passe pas avec une vendeuse, mieux vaut couper court à la discussion.

■ Une vendeuse-conseil intuitive tient aussi compte de vos possibilités financières. Mieux vaut dire franchement le coût mensuel des produits. Mauvais signe: si ce montant n'est consacré qu'à une unique crème onéreuse.

PETIT LEXIQUE COSMETIQUE

Collagène: ***la substance constitutive des fibres du tissu conjonctif qui est responsable de l'hydratation de la peau. En cosmétologie, le collagène préparé spécialement est censé maintenir ou générer l'hydratation des couches supérieures de l'épiderme.***
Desquamation (exfoliation): ***qualifie l'élimination des couches superficielles de l'épiderme sous forme de petites lamelles (squames). Ce processus naturel peut être délibérément renforcé par des produits cosmétiques (gommage).***
Facteur naturel d'hydratation: ***substances naturelles, fidèlement reconstituées en laboratoire, capables d'absorber et de retenir l'eau.***
Gommage: crème lavante ou masque purifiant destinés à décoller les cellules mortes sous l'action de microparticules désincrustantes ou d'enzymes végétaux.
Liposomes: ***microcapsules imperceptibles présentes dans les émulsions et les gels; elles servent au transport des principes actifs afin qu'ils prénètrent encore plus profondément au cœur de la peau.***
Pain dermatologique: ***substance lavante synthétique non alcaline. Souvent mieux toléré que le savon.***
Régénération: ***le renouvellement de l'épiderme par la formation continue de nouvelles cellules en vue de reconstituer et de compléter la couche cornée usée.***
pH ou acidité: ***l'unité de mesure qui définit le degré d'acidité de la peau. Une peau saine a un pH compris entre 5,3 et 5,8.***

Le soleil, le froid et le stress malmènent parfois durement la peau. Qu'importe! Il existe des soins spécifiques plus ou moins rééquilibrants. Mais le mieux est encore la prévention. Car de nombreux méfaits sont souvent insidieux et ce n'est que des années après qu'on les remarque. Il est alors quasiment impossible de réparer quoi que ce soit .

CONSEILS

La protection solaire anti-rides

■ Le soleil est un bienfait pour le corps et l'esprit. Mais à petites doses seulement. Tout excès est tout particulièrement nuisible pour la peau. Les responsables sont les radicaux libres déjà cités (page 79) qui se créent dans la peau sous l'action des rayons ultraviolets. Ces molécules détruisent les cellules saines, provoquent les coups de soleil, des altérations cutanées morbides et sont un facteur de vieillissement des tissus. Il est possible de prévenir en grande partie ces conséquences, en observant quelques règles:

■ Ne pas aller au soleil sans protection. Les filtres UV cosmétiques dégradent l'énergie des rayons UV dès le stade de l'épiderme et empêchent qu'ils nuisent aux cellules.

■ Au début, ne jamais exposer une peau sensible au soleil sans un indice de protection inférieur à 10. En théorie, on peut alors rester dix fois plus longtemps au soleil que sans protection avant d'atteindre le seuil de nocivité. Mieux vaut toutefois ne pas trop se fier à cette estimation, car il est impossible de déterminer avec exactitude la sensibilité au soleil et la puissance du rayonnement.

■ Se remettre constamment de la crème. A cause des frottements et de la sueur, le film protecteur devient perméable bien avant l'expiration du délai.

■ Se mettre absolument à l'abri du soleil lorsque le délai accordé par l'indice de protection et écoulé. S'enduire à nouveau de crème ne protège alors plus des coups de soleil.

■ Eviter en principe le soleil de midi. Les rayons

Rien ne fait vieillir la peau plus rapidement que les bains de soleil prolongés. Ne jamais exposer le visage en plein soleil – même pas avec une protection oculaire.

infrarouges brûlants du soleil intensifient considérablement l'effet nuisible des rayons UV.

■ Utiliser fréquemment le soleil matinal pour bronzer. Jusqu'à dix heures environ, le rayonnement est relativement doux.

■ Utiliser des soins après-soleil comme des émulsions légères et des gels avec beaucoup d'eau. Les produits gras renforcent l'accumulation de chaleur dans les tissus au lieu de la réduire.

Protection contre le froid

■ Un vent vif et des degrés en dessous de zéro en hiver maltraitent tout spécialement les peaux sèches. La faible hygrométrie par basses températures en est la cause. Tout aussi néfastes sont les variations importantes de température entre l'extérieur et l'intérieur. La peau perd alors plus d'agents protecteurs naturels qu'elle ne peut en produire pour les remplacer. Avec pour conséquence des tiraillements, des brûlures, des rougeurs et la peau qui pèle par endroits. En cas de tendance à une faiblesse des tissus conjonctifs, on assiste à un effet de couperose accru. L'idéal pour prévenir ces méfaits est de pratiquer véritablement des 'soins intégraux', qui ne se bornent pas seulement au visage.

■ Des douches alternées, à faire dès l'automne, 'entraînent' le système vasculaire du corps. Grâce à elles, mêmes les capillaires sanguins de la peau sont mieux préparés aux brusques changements de température. Et meilleure est la micro-circulation, mieux fonctionnent également le métabolisme et l'approvisionnement cutané.

■ Etre très prudente avec les boissons alcoolisées pour se réchauffer. L'alcool déshydrate encore plus les tissus.

■ Par les froides journées d'hiver, la graisse est plus importante que la crème hydratante. Elle agit comme un manchon et maintient de cette façon le niveau d'hydratation. Enduire très soigneusement de crème les lèvres et le contour des yeux, qui ont une peau très tendre et donc fragile.

L'exercice en plein air est l'un des meilleurs produits de beauté. Par températures négatives, protéger le visage avec une bonne crème nourrissante. Elle prévient les méfaits dus au froid intense. Des vêtements chauds et des mouvements énergiques contribuent à une bonne micro-circulation tout en prévenant les agressions cutanées.

Bain de vapeur et sauna tuent le stress et ont une intense action relaxante. Important: enduire ensuite abondamment le visage et le corps de crème. Après la séance de sauna, l'épiderme est très réceptif aux principes nutritifs, hydratants et de soins.

■ Des compresses de tisane tiède de camomille ou de tilleul aident à calmer les irritations. Verser 1/4 l d'eau bouillante sur deux cuillerées de tisane et laisser infuser 10 minutes à couvert.

■ Les masques nourrissants lissent très vite la peau rugueuse. Pour la plupart, ils contiennent, outre des huiles traitantes, des extraits d'herbes apaisantes qui atténuent plus vite les rougeurs. Au besoin, on peut appliquer ces masques aussi tous les jours.

■ Ne faire des cures d'ampoules en hiver que s'il s'agit de concentrés hydratants purs ou de concentrés d'huiles purs. Réserver les cures d'ampoules astringentes ou régénératrices pour une saison moins harassante.

Petit programme anti-stress

■ Même un maquillage expert n'est pas vraiment réussi avec des yeux fatigués et des traits tendus. Si, de surcroît, des taches fébriles apparaissent (chez les peaux sensibles) ou des boutons se multiplient (chez les peaux grasses), avant de recourir aux fards et aux pinceaux, essayer plutôt de se relaxer. C'est un art qui s'apprend et qui est très payant.

■ Les **massages** sont des caresses pour la peau et l'esprit. Ils décontractent les fines fibres musculaires des tissus tout en contribuant à un 'relâchement intérieur'. L'application quotidienne de crème devrait dès lors s'accompagner de quelques gestes de massage. Certains d'entre eux se prêtent d'ailleurs à une relaxation en cours de journée.
- Débuter par un massage du cuir chevelu. Cela favorise la pousse des cheveux et détend simultanément la musculature faciale. Poser les dix doigts sur le cuir chevelu et travailler par légères pressions circulaires. Commencer aux tempes et

aller vers le sommet du crâne en massant le long de l'occiput. Ce massage peut se faire aussi dans le courant de la journée, pour autant qu'il ne décoiffe pas trop.
- Après avoir mis de la crème sur le visage, tambouriner doucement sur la peau du bout des doigts. Cela stimule la micro-circulation.
- Cette manipulation peut aider contre les rides d'expression sur le front: avec les doigts des deux mains, rapprocher verticalement la peau du front. Masser progressivement d'une tempe à l'autre.
- Cela détend les traits: avec les majeurs, décrire des huit le long des plis entre les ailes du nez et les coins de la bouche. Exercer une légère pression en remontant.
- Avec le majeur, décrire de minuscules cercles autour de la bouche. Cela relâche les muscles circulaires et décontracte les lèvres.

■ Les **exercices isométriques** améliorent brusquement la micro-circulation grâce à des tensions musculaires contrôlées et contribuent à chasser la fatigue.
- Poser la main à plat sur le front et soulever le front contre cette résistance. Maintenir la tension six secondes et relâcher aussitôt.
- Serrer très fort les paupières sans cligner des yeux. Ici aussi maintenir la tension quelques secondes et relâcher brutalement.
- Presser les lèvres (pas les dents!) ensemble aussi fort que possible et relâcher.

Les petits gestes qui réveillent

■ Des compresses chaudes de lavande ont un effet relaxant visible: mettre dix gouttes d'essence pure de lavande dans un litre d'eau chaude, y tremper une petite serviette enroulée et poser ce rouleau dans la nuque.
Idéal pour yeux fatigués: remplir une bassine d'eau très froide et y plonger tout le visage. Ouvrir et fermer quelques fois les yeux sous l'eau.

Un luxe à s'offrir de temps à autre: les soins dispensés dans un institut de beauté. C'est précisément dans les moments où l'on est bousculée que la peau retire un maximum de bienfaits d'être enduite de crème, massée et dorlotée par des mains expertes. Les bonnes esthéticiennes font de leur cabine de soins un endroit où l'on peut réellement déconnecter et se refaire une santé – sans musique d'ambiance ou conversations gênantes.

C H A P I T R E 4

Des astuces pour résoudre les problèmes

- **Des petits yeux? Des paupières rentrantes?**
- **Des lèvres minces? Des lèvres pleines?**
- **Des taches de rousseur? Un teint pâle?**
- **Le maquillage sous les verres de lunettes**
- **La forme du visage et la coiffure**

DES PAUPIERES RENTRANTES

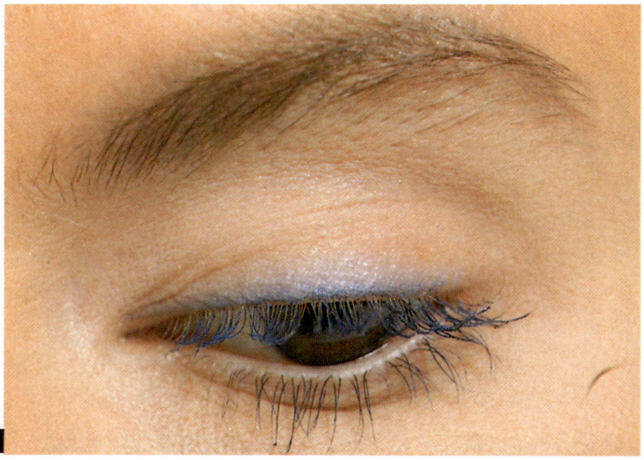

1

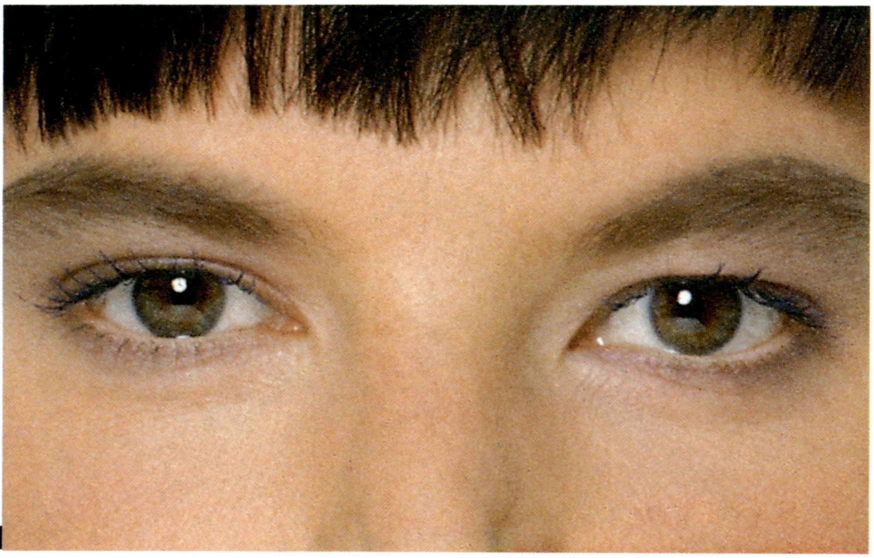

2

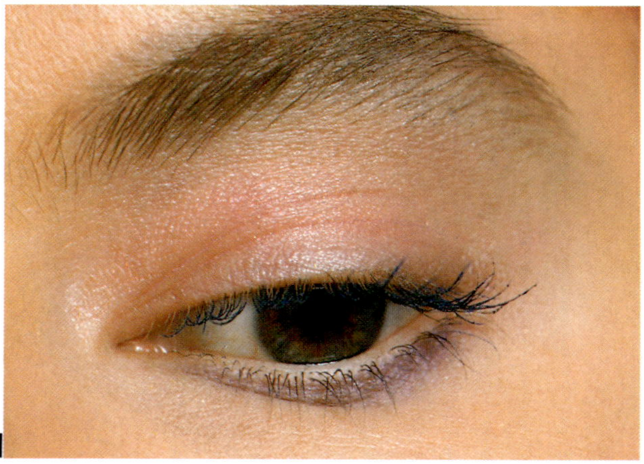

3

Surtout ne pas encadrer les yeux!

Des paupières rentrantes n'offrent pratiquement aucune autre surface à maquiller que la zone sous les sourcils et la paupière inférieure, parce que la paupière supérieure disparaît en général entièrement dans l'orbite oculaire.

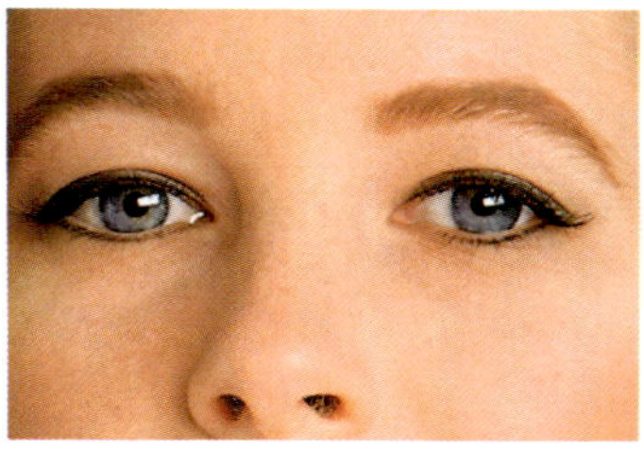

Ne pas faire: des traits noirs (photo ci-dessus). Ils soulignent l'arceau qui surmonte l'orbite et rapetissent l'œil.
1 Des ombres à paupières de couleur, appliquées en traits minces, ne s'estompent pas lorsque l'œil est ouvert et que la paupière rentre dans l'orbite. Très bien: du khôl blanc dans la paupière inférieure.
2 Ombrer soigneusement mais très légèrement la zone entre la pliure de la paupière et l'arc des sourcils. 3 Pendant optique indispensable à l'ombre sous les sourcils: une ombre latérale sur la paupière inférieure, éventuellement d'une teinte différente. Ne pas lésiner sur le mascara!

DES PETITS YEUX

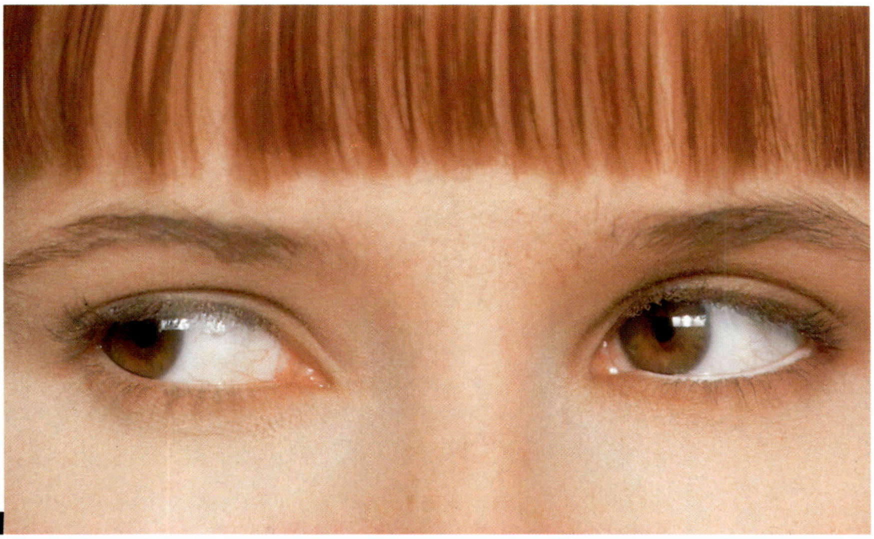

1

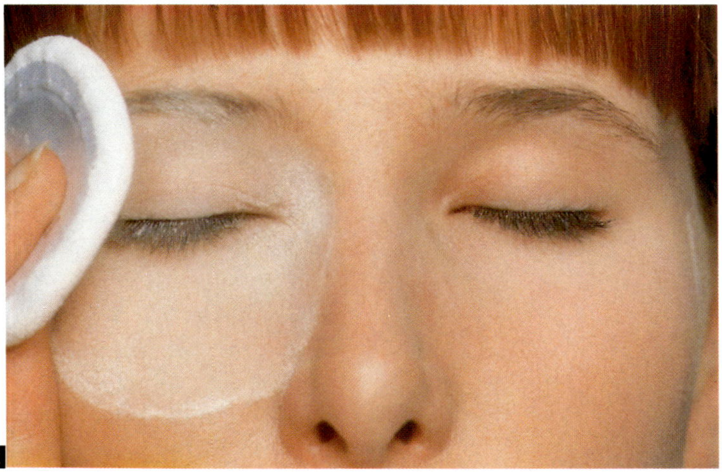

2

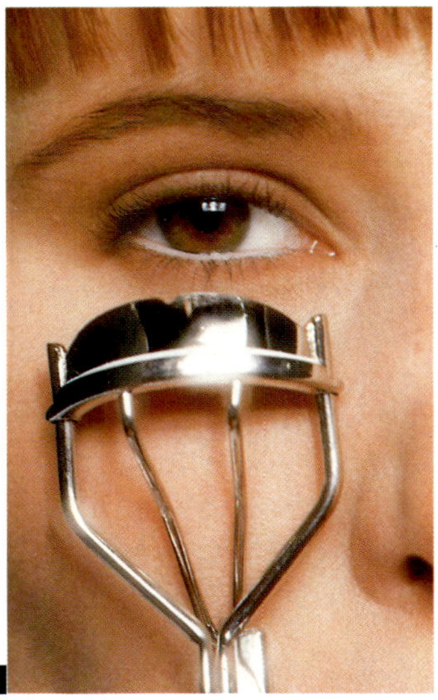

3

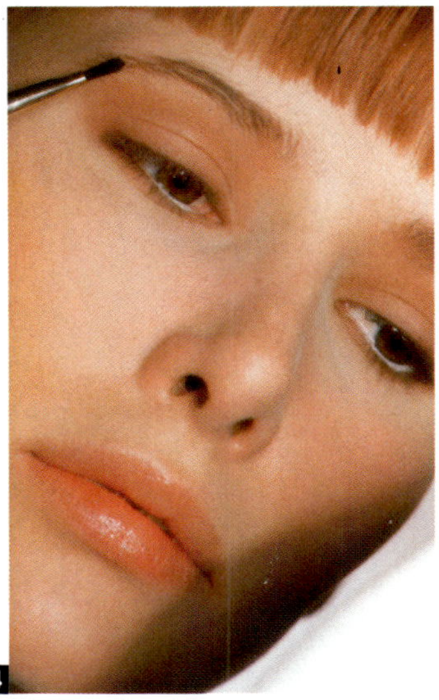

4

Les sourcils jouent aussi un rôle

Si l'on a des petits yeux, renoncer là aussi aux traits noirs et ne pas étaler le fard de manière compacte. Cela ne ferait qu'ajouter à l'impression de petitesse des yeux. Epiler, pour les remonter, les sourcils qui 'écrasent' les yeux

1 *Bien pour des petits yeux: appliquer le fard à paupières généreusement sur tout le pourtour de l'œil. Effet ultra-naturel: un ton brun tendre qui ne tranche pas trop sur la couleur de la peau. Presque un must pour petits yeux: le trait de khôl blanc dans la paupière inférieure.* **2** *Pour une ombre très soft, poudrer copieusement les paupières avant.* **3** *Jouer avec la pince à cils: un joli mouvement des cils est un atout supplémentaire.* **4** *Ne pas farder les sourcils dans un ton trop sombre et n'accentuer que le bord supérieur. Eliminer le duvet à implantation trop basse.*

DES LEVRES MINCES

Tous les subterfuges pour mettre la bouche en vedette

Des lèvres minces ne sont pas une tare esthétique. Il arrive parfois qu'elles correspondent tout bonnement à un type. Néanmoins, il est bon de connaître les astuces qui font paraître plus pleines des lèvres minces sans qu'elles aient l'air trop fardées ou artificielles.

1

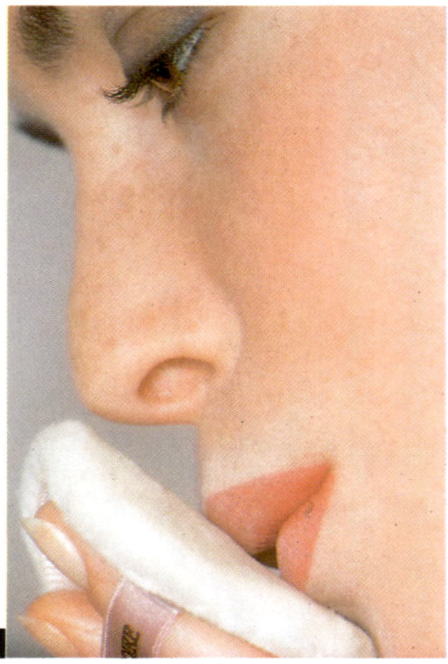
3

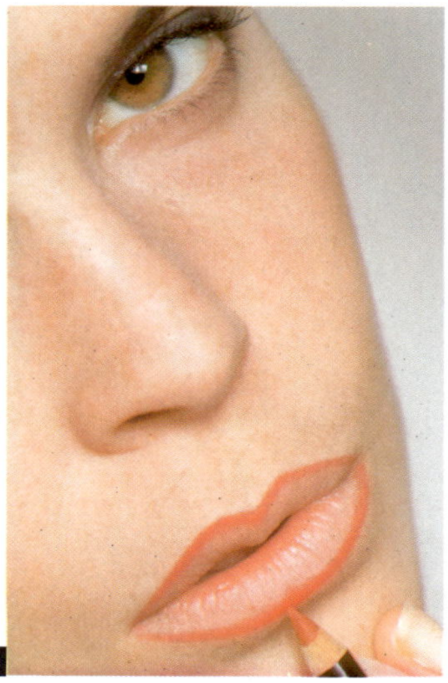
4

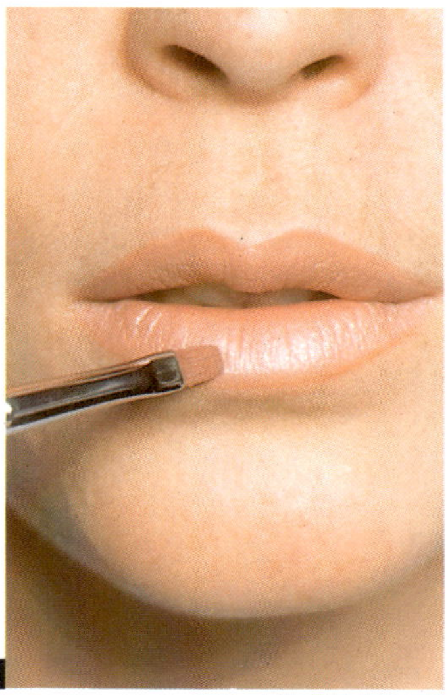
2

5

1 Soit: porter un rouge à lèvres très clair et... 2 tamponner un peu de lighter sur le milieu des lèvres – pour un effet grossissant! 3 Soit: poudrer les lèvres en vue d'une bonne tenue du fard à lèvres, puis... 4 le plus possible à l'extérieur (mais surtout pas en dehors du rouge naturel des lèvres!) – en dessiner très précisément les contours avec un crayon assez clair. 5 Pour l'intérieur des lèvres, choisir également une couleur assez claire, car le foncé a une action réductrice. En revanche, le brillant à lèvres par-dessus le rouge agrandit.

DES LEVRES PLEINES

Une parfaite mise en valeur vaut mieux qu'un rapetissement

Heureuse celle qui possède des lèvres pleines, joliment ourlées. Elles sont sensuelles et jamais démodées. Les seuls interdits pour une bouche généreuse sont le gloss et les couleurs crues.

1

2

3

4

1 *Un look sublime: un maquillage entièrement réalisé au crayon contour des lèvres et donc parfaitement mat.* **2** *Un peu difficile pour les non-professionnels: décaler les contours vers l'intérieur de manière à faire paraître les lèvres un peu plus petites.* **3** *Si les contours sont trop marqués ou trop épais, on les estompe vers l'intérieur à l'aide d'un coton tige. Il n'est pas toujours utile de maquiller davantage les lèvres.* **4** *Un effet sensationnel, qui pose aussi problème aux professionnels: travailler plastiquement les contours des lèvres au crayon blanc. Au pinceau propre, faire fondre le blanc dans le fond de teint*

DES TACHES DE ROUSSEUR

Ne pas les dissimuler sous une tonne de fond de teint!

Il y a longtemps qu'on ne les décolore plus. Mais il n'est pas plus intéressant de les masquer. Car ou bien elles transparaissent sous forme de points bruns – et la peau semble sale –, ou bien il faut mettre une telle quantité de fond de teint que la peau semble plaquée.

1

2

3

4

1 *Une crème teintée pas trop foncée ou un fond de teint transparent clair assurent une transition en douceur entre les zones claires et les zones tachetées. Un halo de poudre suffit la plupart du temps.* **2** *Eclairer les joues et les tempes avec un fard à joues dans les tons rosés.* **3** *Choisir également des tons pastel pour les fards à paupières et à lèvres, et les appliquer très modérément afin que la peau transparaisse. Les teintes criardes et foncées sont presque invariablement trop dures pour les peaux à éphélides.* **4** *Unique exception: les cils. Si l'on omet de les maquiller soigneusement au mascara sombre, les yeux manqueront de relief.*

UN TEINT PALE

Tout faire pour rehausser son éclat!

Il est branché d'avoir une noble pâleur, du moins depuis que le trou dans la couche d'ozone décourage les peaux cuivrées. Pas de panique: une peau laiteuse n'a rien de fade, pourvu qu'elle soit mise en valeur par un maquillage approprié.

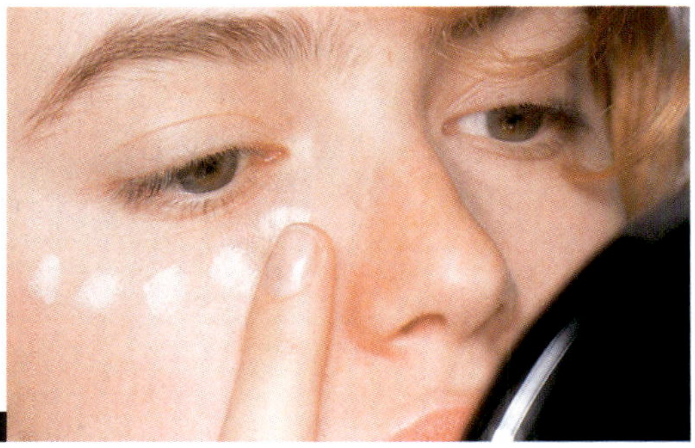

1

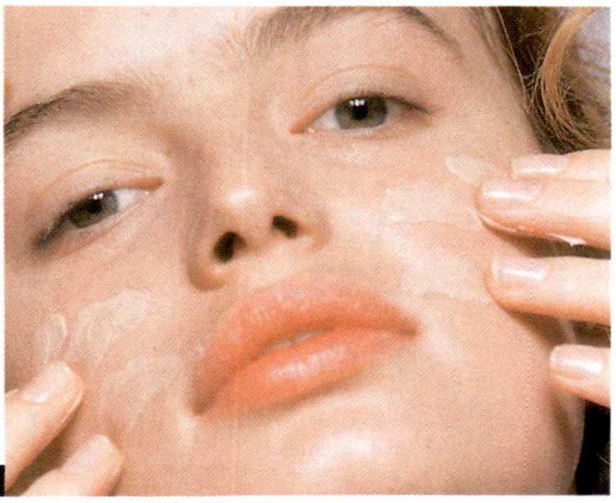

2

3

4

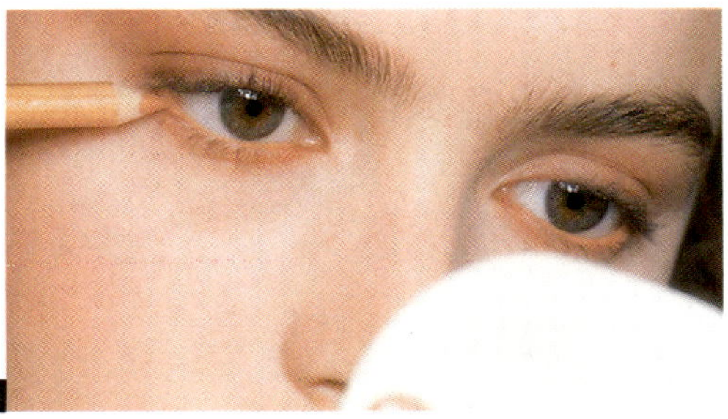

5

1 *Les peaux claires tendent aux cernes. Les masquer avec une crème spéciale claire.*
2 *Si la peau n'est pas impeccable, y appliquer une mince couche de fond de teint transparent tirant vers le rose, puis poudrer avec un ton clair. Pour les peaux magnifiques à grain fin, de la poudre suffit.*
3 *Etaler le fard à joues comme une ombre subtile sur les pommettes.* **4** *Chouette contraste: une bouche au fard mat mais sombre, aux lèvres savamment contournées.*
5 *Une ombre à paupières brun rougeâtre fait ressortir la 'pâleur distinguée'. De même que des ombres violettes ou grises, arachnéennes comme un voile de fumée.*

LES LUNETTES

Des ombres douces valent mieux que des traits durs

L'art de se maquiller pour les porteuses de lunettes dépend de leur handicap visuel: presbytie ou myopie. Derrière des verres de presbytes, les yeux et les paupières sont artificiellement grossis **1** *Derrière des verres de myopes, par contre, l'œil a parfois l'air très petit* **2**.

1

2

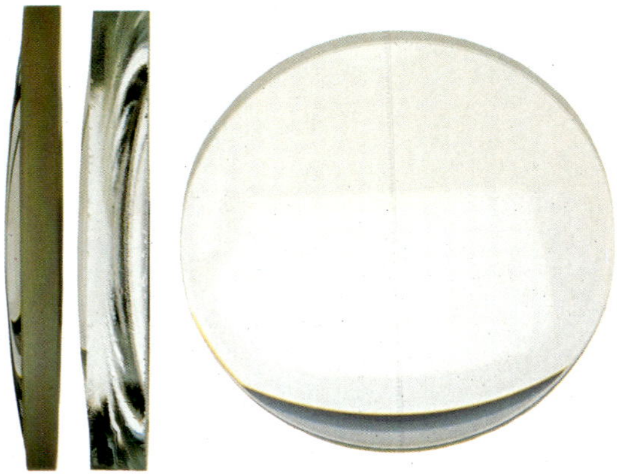

3

Il est possible de minimiser cet effet grossissant ou réducteur par des verres en titane plus minces (à gauche) **3** *Optimal pour les presbytes: un verre asphérique qui réduit légèrement la distorsion optique de la paupière et du globe oculaire*

Maquillage qui n'agrandit pas les yeux davantage

La règle de maquillage 'Les teintes foncées mettent en retrait la zone ombrée' ne s'applique au maquillage sous verres grossissants que jusqu'à un certain point. Le grossissement annule presque toujours cet effet de retrait. **1** *Renoncer dès lors totalement au trait d'eye-liner ou de khôl et essayer à la place une tendre harmonie de couleurs dans des tons gris transparents.* **2** *Les combinaisons de teintes pastel sont justes également.* **3** *Avec des verres à dioptries positives, faire surtout attention à ce que les cils ne collent pas ensemble*

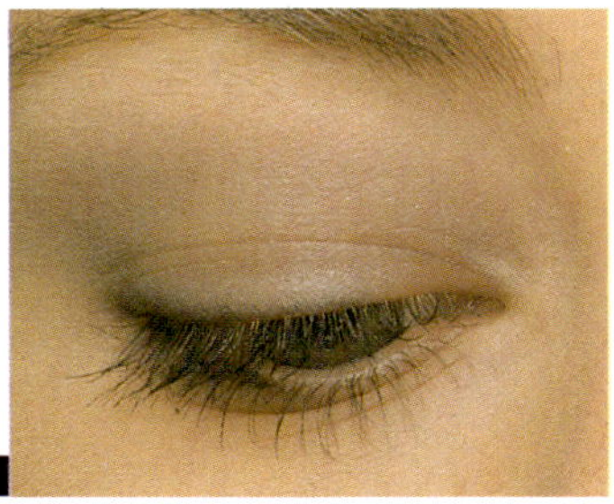
1

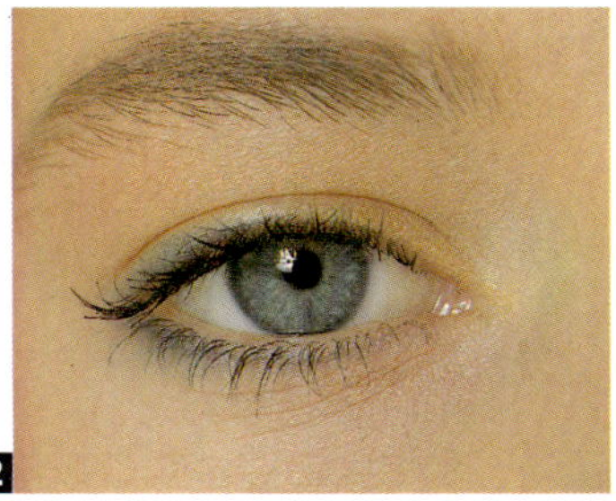
2

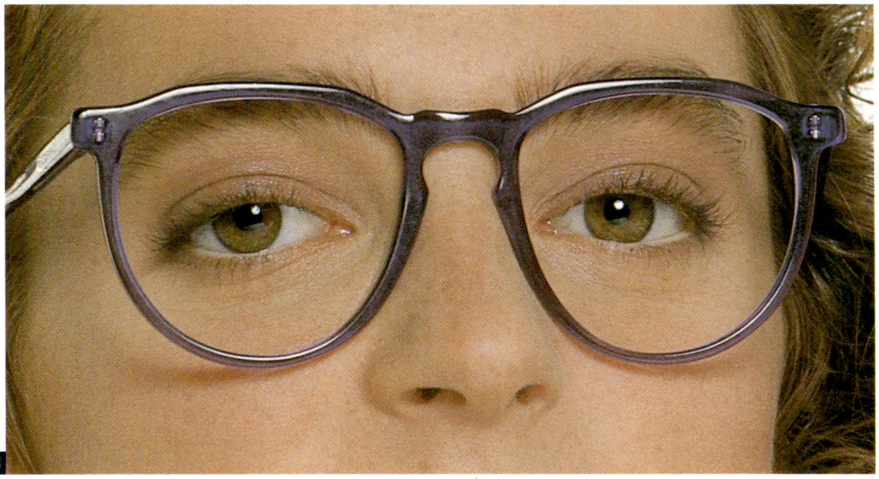
3

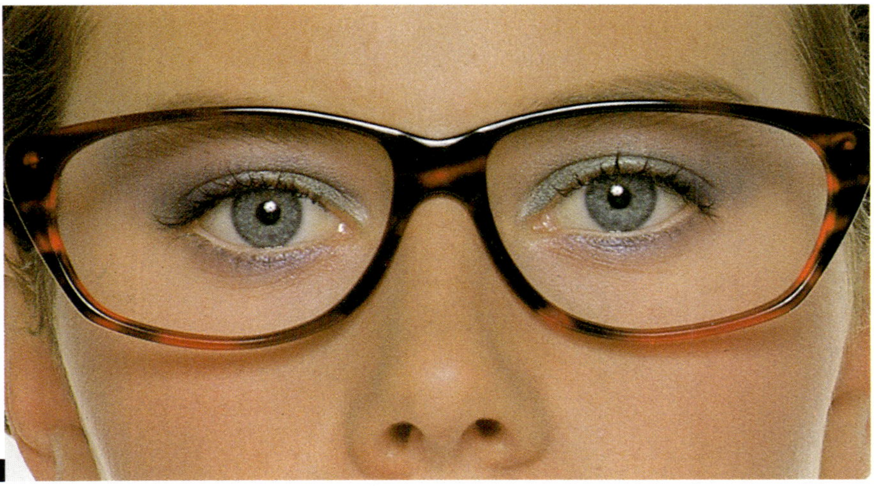
1

Maquillage qui ne rapetisse pas les yeux davantage

En temps normal, les zones éclairées ressortent davantage. Sous des verres très réducteurs, cet effet ne marche pas – au contraire: les yeux sont encore plus effacés. Aussi utiliser des teintes vives et foncées. Mais étaler les couleurs de manière transparente et sur toute la surface de la paupière. Surtout pas de traits sombres. **1** *Les couleurs éclatantes et le khôl blanc agrandissent.* **2** *Une ombre grise, assombrie vers le haut.* **3** *Ici, on a appliqué très délicatement, mais de façon étendue, des ombres brunes.*

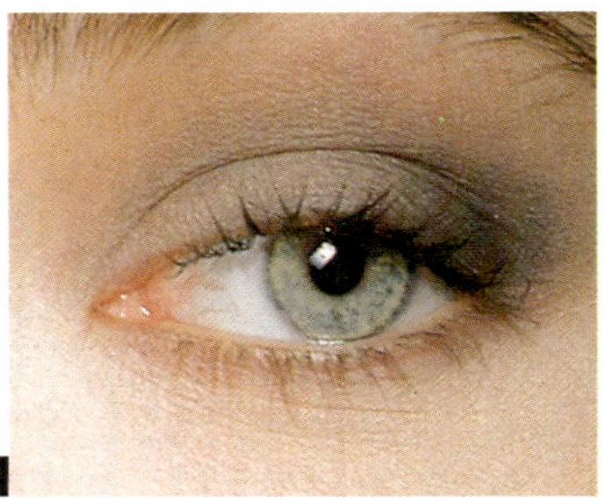
2

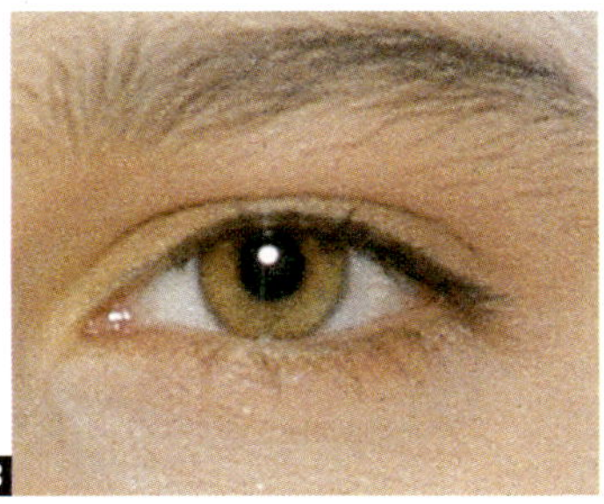
3

LA FORME DU VISAGE

1

2

3

4

5

6

Des coiffures pour visages ronds

Toutes les coiffures qui ont des côtés minces ou des reliefs qui coupent la rondeur du visage sont bonnes. A éviter: les cheveux bouffants et peignés vers l'arrière

1 *Très féminin: de longs cheveux ondulant naturellement ou non, froissés aux doigts avec beaucoup de gel afin qu'ils ne gonflent pas trop.* **2** *Très adaptées sont les coupes courtes asymétriques avec des reliefs qui coupent la surface des joues.* **3** *Une coupe aux épaules avec frange qui effleure les joues est également adéquate.* **4** *Des boucles avec beaucoup de volume, asymétriques en tout cas, une coupe assez courte et un relief légèrement bombé.* **5** *Même avec des cheveux raides et longs, l'asymétrie est un atout. Pour que les cheveux retombent d'un côté du visage et en masquent la largeur, modeler la vague au-dessus du front avec du gel et un sèche-cheveux.* **6** *Sur un visage rond, une coiffure page s'arrêtera de préférence à hauteur des coins de la bouche.*

1

2

3

4

5

6

Des coiffures optimales pour visages triangulaires

Il est évident que le menton ne doit pas nécessairement rester dégagé ou du moins sans contrepoids optique. La solution: des coupes mi-longues qui s'arrêtent juste au-dessus du menton

1 *Le mouvement des pointes compense l'absence de rondeur du visage autour du menton. La frange pleine à la coupe droite et stricte représente un bon contrepoids.* **2** *Là où une avalanche de boucles gonflantes cascade jusqu'aux épaules, un menton en pointe passe inaperçu.* **3** *Ici on a délibérément pris le contre-pied de la forme du menton en relevant les pointes vers l'extérieur.* **4** *La raie au milieu et les pointes rentrées par le brushing renversent pratiquement la forme du visage et créent un équilibre.* **5** *Une profusion de boucles asymétriques jusqu'aux épaules convient à toutes les formes de visage.* **6** *Le subterfuge de la photo 4 fonctionne presque mieux encore avec des boucles.*

1

2

Des coiffures pour visages carrés

Avec un visage plutôt anguleux, éviter toutes les coupes aux lignes dures. Préférer les coiffures asymétriques qui encadrent mollement le visage

3

4

5

6

1 *Les coupes courtes ne devraient pas ressembler à un bonnet tombant sur le front, mais comme ici comporter des indentations étagées dans la frange.* **2** *Seyant: une masse de cheveux à coupe nettement asymétrique qui recouvre lâchement le contour carré du visage.* **3** *Ici la forme du visage est exhibée exprès, mais elle est artistiquement encadrée d'ondulations souples.* **4** *Avantageux lorsque la surface du menton est grande et que la naissance des cheveux est anguleuse: ramener tous les cheveux du sommet du crâne vers l'avant et former ainsi une longue frange dégradée.* **5** *Les boucles tombent dans le visage de manière à couvrir ses côtés carrés.* **6** *Pendant idéal de l'ovale joliment dessiné du menton: le généreux mouvement en S au-dessus du front.*

1

2

3

4

5

6

Avec un visage long et étroit...

... vous avez alors le choix entre deux possibilités: du volume sur les côtés donnant un peu l'illusion de largeur, ou des reliefs créant une rupture de la forme allongée.

1 *Avec des cheveux courts, il est important de leur donner un maximum de volume et de mouvement.* **2** *Avec un visage allongé, ne pas porter des cheveux longs raides, mais bouclés et une coupe dégradée.* **3** *Une coupe courte au carré avec des côtés frangés ramenés sur les joues: idéale pour les visages allongés.* **4** *Une profusion de boucles d'une oreille à l'autre et une longue frange oblique créent un équilibre visuel.* **5** *Des côtés qui bouclent une fois vers l'intérieur, une fois vers l'extérieur: la répartition inégale des volumes a un effet positif.* **6** *Ici, il importe de relever au brushing les coins de part et d'autre de la raie centrale et de les fixer à la laque, il faut par ailleurs que la longueur soit bonne: deux doigts au-dessus du menton!*

C H A P I T R E 5

Les bonnes couleurs

- **Les chromotypes et leurs caractéristiques**
- **Reconnaître son chromotype**
- **Le maquillage idéal de chaque type**
- **Les bonnes couleurs de fards**

TYPE PRINTANIER

Signalement: une peau tendre, claire avec un ton blond doré (pas rosé-bleu) sous-jacent, fréquemment effleuré d'un voile rose pêche jaunâtre. Des cheveux blonds avec une pointe de doré – qu'ils soient blond clair ou blond foncé.

Photo de gauche: premier commandement du maquillage: éviter tout ce qui fait chargé. Le fond de teint tirera plutôt sur le jaune et sera transparent afin de laisser tout naturellement transparaître les taches de rousseur. Pour les lèvres et les joues, choisir un ton rosé tirant sur le jaune. Les paupières seront ravissantes dans des tons pastel lumineux que l'on peut légèrement assourdir avec du gris ou du brun clair si l'on ne veut pas avoir l'air trop 'bariolée'. N'utiliser en aucun cas du mascara noir. Photo de droite: caractéristiques pour les couleurs de fards du type printanier: des tons pastel francs et frais, mais aussi en partie très tendres, qui ont toujours tendance à tirer sur l'abricot et le saumon plutôt que sur le rose. Mascaras de couleur!

■ L'appartenance à un chromotype est conditionnée par la pigmentation naturelle du teint, des cheveux et de l'iris. Pour les types printanier et automnal, selon la 'typologie des saisons', elle est plutôt chaude, jaunâtre; pour les types estival et hivernal, plutôt froide, bleuâtre. Couleurs assorties: fraîches et légères pour le printemps, saturées et rondes pour l'automne, sourdes et fumées pour l'été, franches et vives pour l'hiver. La femme du printemps est extrêmement bien avisée de souligner par le maquillage la délicatesse de son type et la transparence de ses teintes personnelles. Tout ce qui est trop couvrant et trop accentué ne lui convient pas.

■ **Fond de teint:** fluide et translucide, ivoire ou beige jaunâtre – suivant la carnation. En été, un ton plus brun, étant donné que les types printaniers bronzent fréquemment bien, malgré leur peau tendre.

■ **Fard à joues:** des tons saumon, également en été ou en supplément de la poudre bronze dans des tons brun chaud.

■ **Fard à lèvres:** rose saumon, rouge homard ou corail, en couche mince ou rendu transparent avec un gloss.

■ **Fard à paupières:** puisque le type printanier a ordinairement des yeux clairs variant du bleu au brun doré en passant par le turquoise et gris-vert, les tons pastel sont les plus jolis. Adoucir les couleurs trop vives avec de la poudre transparente ou du fard à paupières poudre gris clair.

■ **Eye-liner/khôl:** n'utiliser à aucun prix du noir, à la rigueur du gris ou du brun, mais le mieux est une nuance comme le bleu ou le vert. Très bien: du khôl blanc dans la paupière inférieure conjugué ou mélangé à un trait de couleur.

■ **Cils et sourcils:** ici aussi le noir est banni. Pour les sourcils, du brun doux fait l'affaire; dessiner éventuellement au crayon doré des traits entre les petits poils. Du mascara dans des tons bleu ou vert (jaunâtre) va à merveille au type printanier.

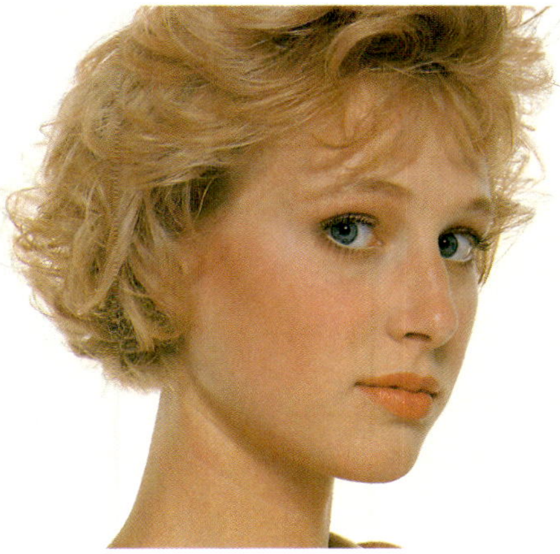
1

2

3

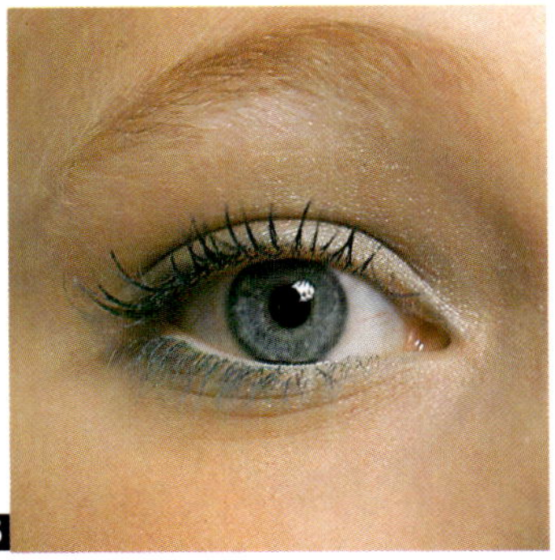

6

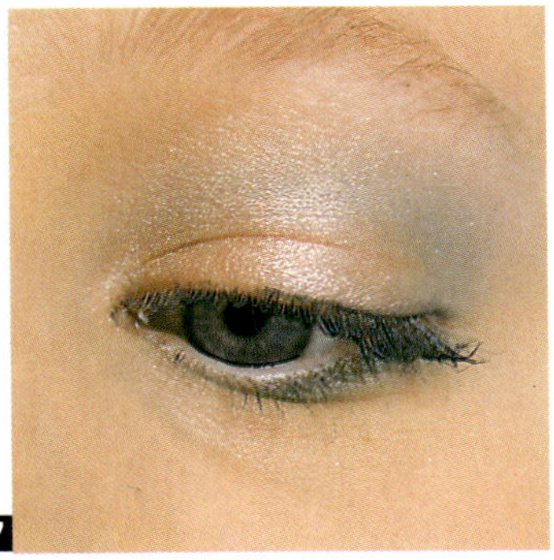

7

8

5

Les types printaniers ne se ressemblent pas, mais tous ont des traits communs. Ce qui frappe: le blond chaud de la chevelure et la délicatesse du teint. Les femmes du printemps devraient opter pour des vêtements aux couleurs pastel chaudes ou aux tons de fleurs printanières fraîches, avec une mise en beauté relativement discrète (voir ci-contre). **1** *Fards à lèvres, à joues et à paupières rose saumon, mascara brun et un trait de khôl blanc dans la paupière inférieure.* **2** *Le ton blond rougeâtre des cheveux s'harmonise à l'orange chaud de la veste.* **3** *Bleu jeans: une couleur fétiche pour les types printaniers, à condition de ne pas trop tirer sur le gris (vaut tant pour le fard à paupières que pour les vêtements).* **4** *Violet et vert feuille – un authentique mariage de printemps. Et une coiffure aux mèches de diverses nuances blond chaud.* **5** *Trois couleurs seulement, mais exactement celles qui conviennent: du blond, du bleu et sur les lèvres, un ton saumon.* **6** *Maquillage des yeux aux tons pastel poudrés et trait de khôl blanc.* **7** *Mélange de couleurs réussi: ombres à paupières saumon, bleu ciel et vert clair, avec un mascara turquoise.* **8** *Vert pomme et lilas: des teintes très printanières pour d'authentiques types printaniers.*

TYPE ESTIVAL

Signalement: teint le plus souvent très clair mais aussi olivâtre, reconnaissable au reflet bleuâtre sous-jacent. La couleur des cheveux varie entre le blond et le brun et a toujours un reflet cendré (au contraire du reflet doré du type printanier).

Photo de gauche: en accord avec le reflet bleuté sous-jacent de la peau, le fond de teint sera beige neutre ou tirera un peu sur le rose. Les rouges à lèvres et les blush aux nuances bleutées vont aussi le mieux au type estival. Séduisante pour les yeux: une combinaison de tons froids bleu, turquoise et violet amortis de gris (ou à reflet argenté). Un mascara anthracite est parfait. Photo de droite: du beige neutre, du rose vif froid, du bleu acier glacé et du rose terne – le quarté gagnant des types estivaux

Le type estival éprouve le plus de difficultés à apprécier son type. Ses caractéristiques sont – à première vue – en partie contradictoires et prêtent à des erreurs d'interprétation. Le teint par exemple: il est parfois très clair, tendre, rosé, brunissant mal, mais il peut tout aussi bien tirer sur l'olive et, au soleil, prendre une teinte noisette froide. En y regardant de plus près, on reconnaît toutefois dans les deux cas le reflet bleuté sous-jacent qui, sans le moindre doute, s'harmonise le mieux avec des vêtements et des fards dans des nuances froides, souvent un peu fumées ou lactescentes. Si le type estival a des taches de rousseur, elles sont brun-gris.
Enfants, les types estivaux étaient presque invariablement blond cendré et ont foncé par la suite – à leur grand regret souvent – vers le 'brun souris'. Les couleurs des yeux sont fréquemment le gris-bleu, le bleu clair, le gris pétrole, le vert-bleu ou le brun noisette.

1

2

■ **Fond de teint:** le choix de la couleur dépend de la carnation, claire ou olivâtre. Dans le premier cas, les tons beige très pâle, soit neutre soit tirant sur le rose, sont appropriés.

■ **Fard à joues:** rose voilé de gris pâle.

■ **Fard à lèvres:** du rose-bleu mat, mais aussi du rose vif pas trop agressif, du violet tendre et du rouge melon frais. Attention: les types estivaux ont très vite l'air trop maquillé avec des rouges à lèvres aux couleurs intenses.

■ **Fard à paupières:** des tons pastel froids, mais aussi du brun s'il tire sur le gris au lieu du rouge, du jaune phosphore et du rosé froid. De tous les types de couleur, c'est le type estival qui s'accorde le mieux avec le nacré.

■ **Eye-liner/khôl:** pas de noir, mais du gris clair et foncé, du bleu, du vert et du turquoise froids.

■ **Cils et sourcils:** du gris ou, si l'œil manque de relief, du noir. Prudence avec les mascaras de couleur – ils ont vite l'air incongrus chez les types estivaux. Pour les sourcils, prendre des tons bruns froids, mats, pas de noir.

3

1

6

7

5

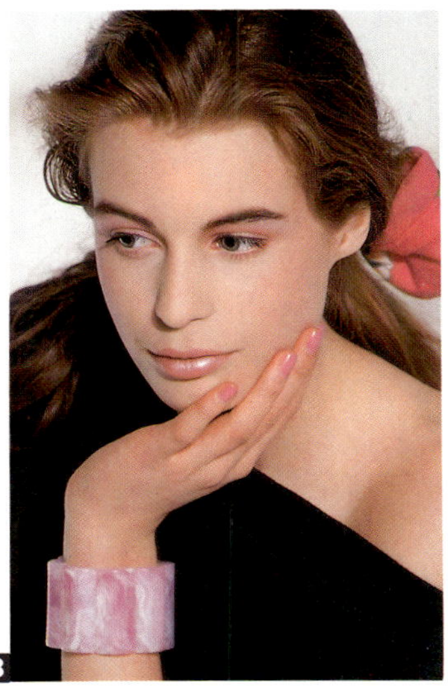

8

__1__ Le violet tendre et le rose terne sont des teintes optimales qui vont à presque tous les types estivaux. A assortir avec un rose mat sur les lèvres et les joues. __2__ Des tons argentins sur les lèvres, les paupières et les vêtements sont l'apanage des types estivaux (le soir uniquement). Particulièrement seyant avec des cheveux brun cendré. __3__ Ce type estival est assez rare: peau très pigmentée et yeux brun noisette. L'aubergine et le brun-rouge lui vont bien. __4__ Même un type estival à peau claire et cheveux brun foncé a un super-ook dans des tons aubergine – surtout avec un styling adéquat. __5__ Du rose vif froid et du bleu froid forment avec le blond cendré brillant un triple accord décoratif. __6__ Harmonie en teintes glacées tendres: pour réchauffer un peu, sur les lèvres et les paupières, du brun-roux effleuré de gris. __7__ Pour types estivaux qui bronzent bien; ombres à paupières en lilas et dans des tons aquatiques froids. Avec un rose scintillant. __8__ Du rose nacré sur les ongles, les lèvres et les paupières – encore un privilège du type estival. Conjugué avec des accessoires rose vif, le rose nacré rehausse les tenues noires – une couleur qui sinon donne vite un teint blafard aux types estivaux.

TYPE AUTOMNAL

Signalement: peau claire à reflet doré sous-jacent, ou bien diaphane avec des taches de rousseur, ou bien beige pêche ou beige doré intense. Des cheveux roux! Sinon, des cheveux blonds ou bruns avec au moins un reflet doré.

Photo de gauche: chevelure et mise en beauté dans des nuances brun-roux caractéristiques. Dans les cheveux un ton doré affirmé, sur les lèvres un brun-rouge plutôt mat pour casser un peu l'harmonie (qui serait ennuyeuse sinon). Tout autour des yeux un fard à paupières brun rougeâtre, appliqué très délicatement. Les cils et les sourcils bruns, du blush pêche, un fond de teint beige clair tirant sur le saumon. Photo de droite: le kaki, l'olive et le jaune moutarde, le pétrole et l'abricot conviennent aussi pour les ombres à paupières. Pour les lèvres et les ongles, tous les rouges sont bons pourvu qu'ils tirent sur le brun et le jaune. Le type automnal est le seul à pouvoir porter aussi de l'orange et des tons cuivrés – le soir, même avec un reflet doré.

De tous les chromotypes, le type automnal est le plus simple à identifier, bien qu'il se divise en deux variantes différentes. la variante 1: cheveux roux lumineux et peau claire translucide aux éphélides brun doré. La variante 2: un super-teint beige chaud, sans rougeurs et sans taches, avec des cheveux blonds ou bruns aux lueurs rousses et dorées. (Un effet qui se laisse aisément renforcer par des colorations et des mèches!) La couleur des yeux des deux types automnaux est d'ordinaire très intense. Leur palette s'échelonne du bleu franc aux tons bruns et ambre lumineux en passant par le pétrole, l'olive et le vert jonc. Les types automnaux supportent les forts accents de couleur, mais il est généralement préférable de n'appuyer que les yeux ou que la bouche.

■ **Fond de teint:** transparent et uniquement dans des tons beige chauds. Eviter de couvrir les taches de rousseur, se contenter éventuellement de poudrer (voir aussi page 92). En été, un voile de poudre de soleil, puisque le teint automnal ne bronze quasiment pas. Une crème de jour teintée convient aussi. Encore mieux: une crème auto-bronzante.

■ **Fard à joues:** surtout pas des tons bleutés. La poudre de soleil est parfois ravissante.

■ **Fard à lèvres:** du rouge chaud, du rouille, de l'orange, du cuivre. Comme teinte pastel, du saumon foncé. Pas de couleurs trop pâles – elles donnent au type automnal un teint blafard. Au lieu de nacré, utiliser un reflet doré.

■ **Fard à paupières:** tous les tons chauds, terre, foncés, mais appliqués délicatement de préférence. Du rouille, ainsi que de l'orange et du jaune d'œuf, du bleu rougeâtre, des nuances de vert qui ne tirent pas sur le bleu turquoise. Des couleurs à l'éclat d'acier sont une erreur.

■ **Eye-liner/khôl:** du brun, du vert chaud, du bleu ou du mauve saturé, pas de noir.

■ **Cils et sourcils:** du brun. Rehausser les cils éventuellement aussi de noir avec des pointes vertes, bleues ou mauves.

1

2

3

5

6

7

Le type automnal a de nombreuses couleurs (également saturées, lumineuses) à sa disposition. Malgré tout, du moins pour le maquillage, la dominante, et de loin, est : le brun-roux. Ce n'est pas un inconvénient. Les couleurs contrastées, à peine suggérées sur les paupières, sont d'autant plus mises en valeur par la tenue vestimentaire. **1** *Le ton cuivré (artificiel) de la chevelure appuie le type à merveille. Complément très distingué: une bouche soigneusement dessinée dans un rouge nettement moins jaune. Ombres à paupières brunes.* **2** *Une profusion de boucles blond-roux, une bouche généreuse, brun-roux, du khôl dans la paupière inférieure et du mascara foncé – avec ce styling, le type automnal peut également porter du noir (qui n'est pas sa couleur de prédilection).* **3** *Des cheveux noisette aux reflets roux, du fard à paupières et un rouge à lèvres dans des nuances apparentées. Par contraste, un chemisier vert mousse.* **4** *Le type automnal 'diaphane' (variante 1) aux taches de rousseur, avec un simple nuage de poudre, de l'ombre à paupières vert jonc et des lèvres abricot.* **5** *Le type 2 aux cheveux roux clair et à la mise en beauté très tendre: du khôl brun au pourtour des yeux, du bois de rose sur les lèvres.* **6** *Le type 1 dans un maquillage assez classique: une bouche rouille vif, du fard à paupières brun et un voile de pêche sur les joues.* **7** *Le pétrole se marie aussi avec un fard à lèvres tirant non sur l'orange, mais sur le roux avec une pointe de gris. Il émane de l'alliance avec le cuivre de la chevelure, du fard à paupières et du fard à joues une tension charmante entre des couleurs exubérantes et d'autres presque froides.*

TYPE HIVERNAL

Signalement: 'type Blanche-Neige. Cheveux foncés – de brun à bleu-noir. Iris aux couleurs intenses, froides sur fond blanc glacier. Peau de porcelaine ou bien légèrement olivâtre – de toute façon à reflet bleuté sous-jacent'

Photo de gauche: noir, blanc, rouge – le type hivernal nécessite peu d'accents, mais ils doivent être forts. De tous les chromotypes, c'est celui qui porte le mieux des lèvres d'un rouge flamboyant. Combiné avec du fard à paupières aux tons fumés et/ou un trait de khôl noir et du mascara noir sur les cils. Le fond de teint sera transparent et tout aussi clair que la peau. Peu de fard à joues! Photo de droite: les teintes standard du type hivernal: du rouge franc ou du rose vif pour les lèvres, pour les yeux du bleu, du vert ou du violet froid. Cependant, éviter de conjuguer les deux (voir page suivante).

On confond souvent le type hivernal aux cheveux bruns et/ou au teint olivâtre avec le type automnal. Si le type hivernal arbore des couleurs chaudes, terre, il a vite l'air fade et passe ainsi à côté de ses potentialités. Automnal ou hivernal – pour découvrir son type, le mieux est de comparer les carnations. Même chez les types hivernaux non-classiques, le teint n'est pas saumon, mais rosé et s'harmonise avec tout ce qui est bleuté.

1

■ **Fond de teint:** du beige clair, presque blanc, en couches minces et transparentes, parce qu'un teint très fardé détonne fort sur des types foncés, racés. Une poudre translucide et, le soir, une poudre presque blanche accentuent l'effet 'Blanche-Neige'.

■ **Fard à joues:** discret. Du rosé froid, appliqué très subtilement. Surtout ne pas marquer les contours.

2

■ **Fard à lèvres:** tous les tons rouges ne tirant pas sur le jaune. Egalement du rose dans toutes ses nuances franches – du rose vif agressif au rose argentin –, le rosé. Les tons violets sont bien aussi.

■ **Fard à paupières:** du gris fumée, du brun-gris ou du brun clair, des tons glacés à peine visibles sont suffisamment discrets pour ne pas voler la vedette aux lèvres sanguines. Du bleu, du vert et du violet dans des nuances froides, sombres, correspondent bien au type, mais uniquement appliqués discrètement et en association avec du rosé ou des tons violets (pas avec du rouge vif).

3

■ **Eye-liner/khôl:** des trait noirs d'eye-liner et de khôl vont au type hivernal mieux qu'à tous les autres. Du khôl blanc sur le bord interne et du khôl noir entre les cils de la paupière inférieure sont également seyants.

■ **Cils et sourcils:** la teinte classique de mascara est le noir. Les types hivernaux peuvent néanmoins se permettre du rimmel vert, bleu et violet dans des nuances franches et froides (exclusivement en combinaison avec des rouges à lèvres bleutés, voir supra).

4

5

6

7

8

Les types hivernaux ont de la chance: ils peuvent se parer de couleurs et de contrastes qui, chez d'autres, auraient vite l'air dur et trop fardé. **1** *Très alluré – une bouche rouge vif au dessin précis, des yeux encadrés de noir et des taches de rousseur sous un teint délicatement poudré.* **2** *Les lèvres, les ongles et le pull rouge franc avec une pointe de gris, les ombres à paupières gris fumée et l'incontournable teint clair.* **3** *Du bleu nuit au reflet violet sur les paupières – cela aussi va au type hivernal pourvu que le rouge à lèvres soit un peu plus discret.* **4** *Du noir, du blanc, du rouge – la combinaison hivernale classique. Ici, du rouge foncé sur les lèvres et un simple trait d'eye-liner noir sur les paupières.* **5** *De l'eye-liner noir relevé aux deux bouts sur les paupières et des faux cils maquillés de mascara noir aux coins des yeux – un regard félin qui sied particulièrement bien aux types hivernaux. Avec du violet sur les paupières et les lèvres.* **6** *Des paupières argentées, des lèvres nacrées, de l'eye-liner noir et un teint farineux – voilà encore un look que les types hivernaux peuvent adopter à l'occasion, histoire de changer.* **7** *Très jeune fille: le type hivernal aux cheveux bruns avec du khôl et du fard à paupières brun-noir et une bouche en rose nacré froid.* **8** *L'exception qui confirme la règle: un rouge à lèvres intense associé à du fard à paupières tout aussi intense. Le résultat est attirant, parce que les deux couleurs sont très proches et que la teinte de l'ombre à paupières est reprise dans les vêtements.*

CHAPITRE 6

Maquillage à la carte

- Un super-look à la plage
- Fards pour skis fartés
- Sports aquatiques
- Etre belle aussi dans l'effort

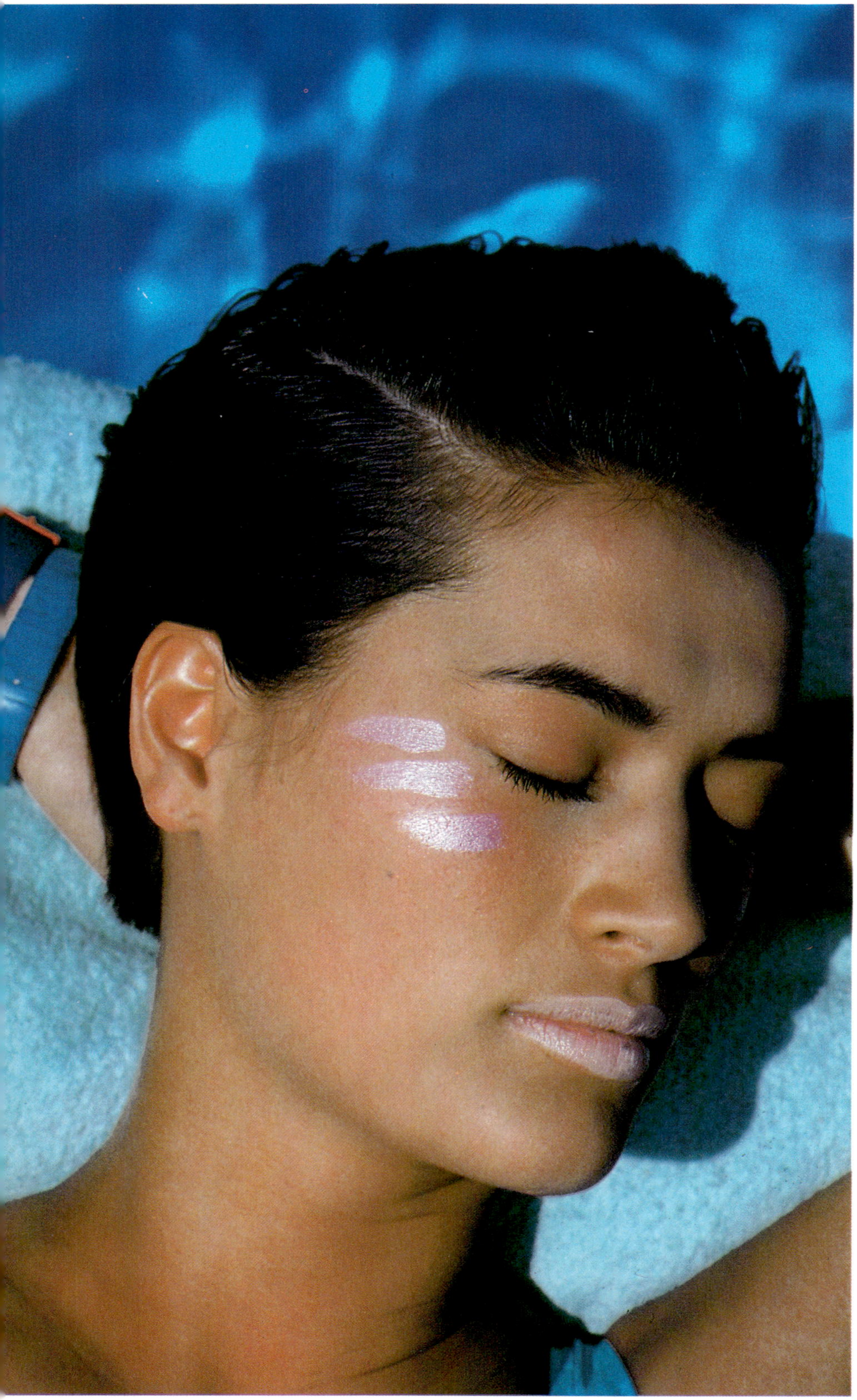

BAIN DE SOLEIL

Un écran total teinté pour zones à risques

Le fond de teint représente une bonne protection contre les rayons UV de la lumière du jour, mais il ne suffit pas pour les bains de soleil. D'ailleurs, il gênerait la peau et empêcherait le bronzage. Pour une vraie mine de vacances, on peut utiliser une crème solaire teintée. Les écrans totaux (il en existe en vert, bleu, jaune) s'appliquent sur les paupières, sur les lèvres et sur les pommettes. Le mascara se brouille au contact d'une protection solaire grasse. Il est conseillé de se faire teindre les cils

SPORTS D'HIVER

Le froid et le soleil conditionnent les couleurs

Une crème solaire teintée procure un aspect séduisant, mais tache quelque peu le col et le capuchon. Mieux: employer un autobronzant et une crème solaire normale (à fort indice de protection). Les frimas et le vent fournissent gratuitement le fard à joues. Sélectionner un rouge à lèvres dont le reflet bleuté ou jaunâtre aille au teint rougi. S'il ne possède pas de filtre solaire, appliquer auparavant une pommade protectrice. Le fard à paupières sur les pistes est affaire de goût. Attention aux teintes irisées. Dans la froide lumière hivernale et sur une peau bleue de froid, ils n'ont rien de séduisant.

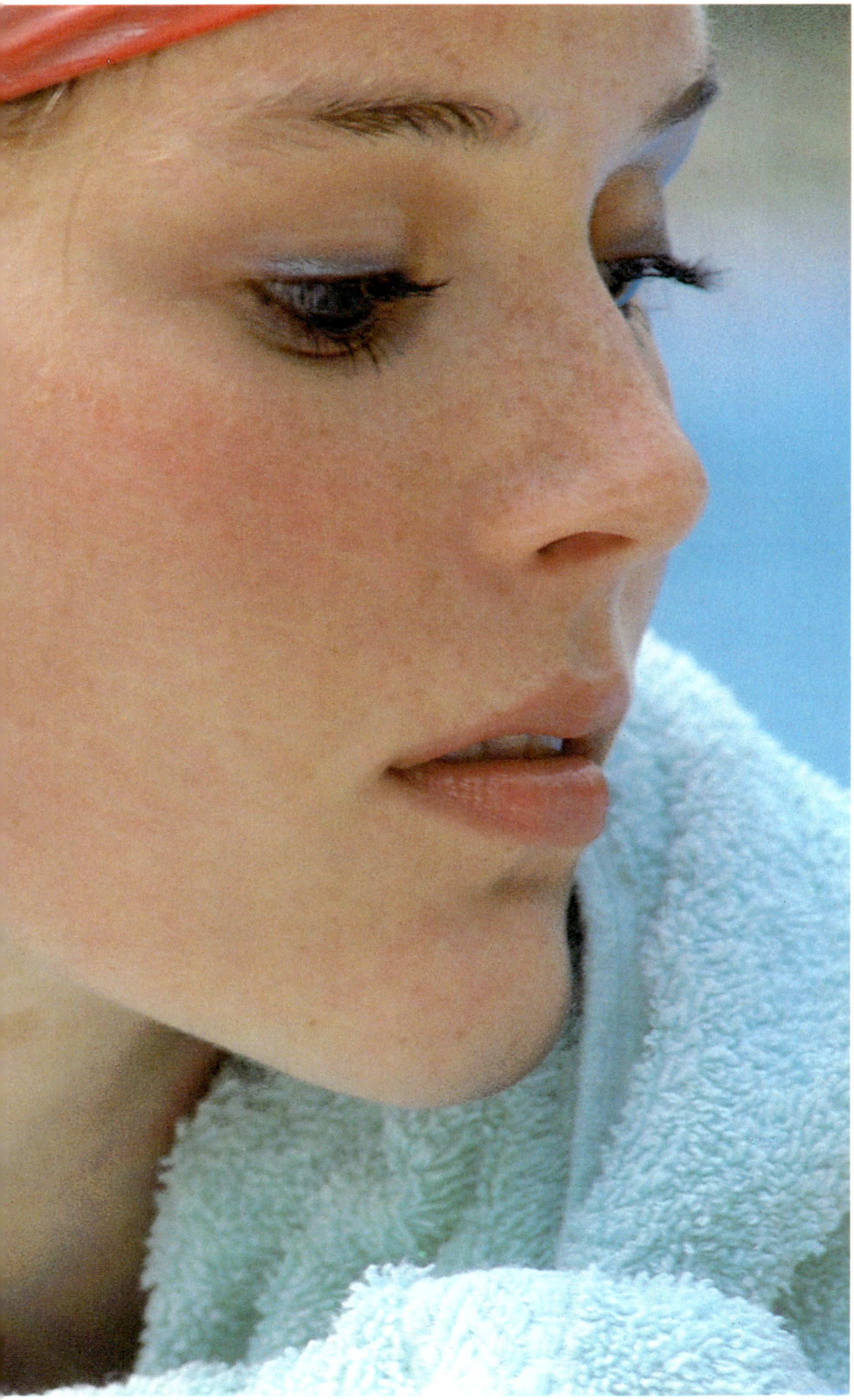

SPORTS AQUATIQUES

Un maquillage qui se mouille? Ca existe!

Des fards résistants à l'eau? Pas de problème. Le fond de teint compact notamment, les fards à joues crème et les fards à paupières crème survivent aussi à un plongeon – seule la serviette éponge en gardera la trace. Mêmes les crayons contours des lèvres et des yeux résistent à l'eau et, à l'évidence, le mascara 'waterproof' de toute façon. Ceci dit: faites un maquillage simple! Un trait de couleur, un peu de rimmel et de rouge à lèvres de la même teinte que les lèvres – davantage, au bord d'une piscine, risquerait d'être ridicule.

FITNESS

Trop de maquillage nuit à l'image de celles qui pratiquent un sport

Dans tous les sports qui font beaucoup transpirer, comme le tennis, le jogging, l'athlétisme ou le fitness en salle, le maquillage est en fait déplacé – au même titre que les bijoux voyants. Je conseille aux personnes très sportives d'utiliser une crème autobronzante, car elle rafraîchit le teint et le bronzage ne coule pas, même pendant les plus gros efforts. Inutile de rougir les joues, l'exercice s'en chargera. Du mascara sur les cils et un peu de gloss sur lèvres – et voilà le travail!

INDEX